나 외계인이 될지도 몰라
신이인 시집

문학동네시인선 235 신이인
나 외계인이 될지도 몰라

시인의 말

그때는 우리가 앞을 볼 수 없어
눈 두 개 달린 이들의 말을 따라 걸어갔지만
나아갔지만
갈림길에서 헤어졌지만
이제 나 이쪽에서
전해줄 수 있을 것 같아
행복은 옛날 거기
아무것도 안 보이던 자리에 있었어

난 열심히 살다가 흉해졌다
눈을 세 개 네 개
어쩌면 더 많이 가진 채
보이는 것을 이토록 적었으니
이해하지 말고
나를 찾지 않으며
옛날을 기억해주길

2025년 6월
신이인

차례

시인의 말   005

1부 길

젊은 날―우주정류장   012
꿈의 기계   013
값   016
뱀   020
벗어나기   022

2부 옷

사치   026
실타래들   028
상자들   030
꿈의 옷   033
세차장과 폐차장   035
벽난로가(家)의 번영   038

3부 집

꿈의 집	042
반려	044
꿈의 고백	046
외계인 가족의 시	048
교정	050

4부 춤

석별 1	052
해파리들	054
명분	056
그럴 만했다	057
구원	058
꿈의 무늬	061

5부 칼

새	064
뿌리 없는 화살	066
꿈의 룰렛	071
부활절	074
성숙	076

6부 별

스페이스 오디티	080
꿈의 도형	082
방주	084
꿈의 상영	086
가오나시의 시	089
거짓말	091
맞닥뜨리기	093

7부 피

쓰레기 새	096
못난 쓰레기	099
추모 공원	103
전문가의 사랑	105
쉬운 시	110
부적	113
산책자의 시	116

8부 밤

파수꾼의 시	120
외계인의 시	123
석별 2	126
스프링	128
총기실	131
꿈의 경계	135
꿈의 대화	139
기어코 난	141

9부 꿈

어린 사랑의 시	144
꿈동산	148
낙원 없이	153

해설 | 비성년 객체가 무섭다고 그러오   155
    | 성현아(문학평론가)

1부
길

젊은 날
―우주정류장

만취하고 나서 저지른 첫번째 실수는 정류장 표지판을 끌어안은 것이었다 그것은 안색을 바꾸지 않았고 날 거들떠보지도 않았다 어쩌면 상처라는 걸 줄 수도 있었다 그러나 상처만 받고 지나가기엔
  멋진 곳이다 사람이 샤워부스 물줄기처럼 흐르는
  이론적으로
  머무르지 않는

  거기 어떻게든 머물러보고자
  나도 표지판이 됐다

  표지판이 두 개인 정류장은
  기형이고 괴담이고 전쟁터니까
  우리는 어떻게 해도 함께할 수 없었겠지만

  석별은 내게
  더 큰 정류장을 차려놓고 복수하듯 붙박이라고
  사람과 짐승과 기계와 유령과 눈에 보이고 보이지 않는 숱한 것들을 아주 잠깐씩만 끌어안고 보내라고
  그런 게 삶이고 사랑이고 재미라고 가르쳐주었다

꿈의 기계

잘못은 본래 나로부터 시작되었다

그날 나는 오래전부터 시험해보고 싶었던 큰 비밀 모양 망치를 꺼내 기계를 쾅, 내리쳤다 오랫동안이나 튼튼하게 잘 돌아가고 있던 기계였다

함께 기계를 돌리던 사람이 깜짝 놀라 도망쳤다 그는 나의 친구들에게 찾아가 내가 큰 망치를 숨기고 있으며 정신이 온전치 않을 수 있다는 사실을 주지시켰다

그 소식을 들은 기계는 슬퍼했다 얘들아 난 괜찮아 사이좋게 지내라 너희 사이가 나빠져서 함께 나를 만지지 않게 된다면 난 무엇도 만들어내지 못하는 쓸데없는 고철 덩어리가 될 거야 안 좋은 상상을 계속하며 속에서부터 서서히 녹슬어갔다

기계가 더 나빠지기 전에 파는 것이 좋을지 수리하는 것이 좋을지 알 수 없었다 누가 값을 치러야 하는지 누가 책임을 져야 하는지 누가 보상을 받아야 하는지 그러고 나면 우리의 사이가 좋아지는지

우리는 염치 있는 사람들이어서 기계를 망가뜨린 죄를 느껴서 그러나 자신의 마음이 자신 때문이라고는 믿고 싶지

― 않아서 입을 다물고 다시 말하지 않았다

후에 나는 염치없는 사람들을 몇 번 만났고, 그럴 때에는, 너 때문이야, 네 잘못이야, 바득바득 우기며 상대에게 값을 치르게 해야 하는구나, 그러면 그것으로 아무 일 없다는 듯, 너만 웃으면 모든 것이 원래대로 돌아올 수 있다는 듯, 다시 기계를 굴려볼 수도 있는 거였을까…… 후회했지만

우리는 너무 염치가 있었다 미안함과 부끄러움을 놓지 못해서 서로에게 얹어주지도 못해서 누구 하나 손이 자유롭지 못해서

똑같이 양손을 염치에게 저당잡혀서 끝내 한 사람이 한 사람을 안아주지도 못하고 괜찮다고 토닥거리거나 장난을 치지도 따귀를 때리지도 못하고 눈치를 보며 말 붙이지도 못하고 그대로 기계는 어느 날부터인가 손이 닿지 않게 된 채로 남겨졌고

다시 어느 날 자유로워진 내가 그때를 기억하고 홀로 머뭇거리다 기계의 뚜껑을 열고 바라보고 있는 오늘날

나는 이곳에 쓴다

나 때문이야
내 잘못이야
낡고 고장난 기계는 그대로 있고
나는 조용히 두 손을 얹고
생각한다

―

이 손에 오랫동안 들려 있었던 것의 정체와 무게를

값

왜
저런 걸 끌고 여기까지 온 거지……

지금 신고 있는 빈티지 부츠에 대해 당신이 질문한다면
집요하게 눈길을 보낸다면
나는 말할 수밖에 없을 것이다

옛날에
누가 신발을 버리면서 돈까지 받았다고
버려진 신이 덜 부끄럽도록
배려하는 척하면서
돈을 받았다고

나는 부츠 밑창이 썩은 것을 알지 못하고
그것을 샀다

내 발을 길들이려는
과거에는 살아서 스스로 움직였던 가죽의
방어 자세나
본능을 이해하려 들면서
절뚝이면서 학교에
꽃집에 갔다

신발을 어르고 달래는 법을 배웠다
애야
나는 버리는 사람이 아니란다
아니어야 해 그러니까
내가 더 배울게

꽃집에서 사귄 시클라멘 화분은
처음 만났을 때 내 멋진 신발을 칭찬했고
두번째엔 못 본 척했고
세번째엔 문득 울었다

넌 걸을 수 있지
너 같은 인간들은 걸을 수 있어
그래서 멀리 떠났지
내게 오지 않았고
넌 오지 않았어
넌 오지 않을 거야……

시클라멘은 아주 사랑스럽고
뿌리와 잎, 줄기 전체에 독을 가졌다

나는 버리는 사람이 아니었기에
화분을 샀다

모든 것을 알고도
벌레 많은 화분에 뺨을 비볐다
이렇게 사랑스러운데
누가 널 이렇게 만들었니

왜 이렇게 사랑스럽게 만들었니

사기당한 것처럼 보이지 않도록
춤을 추었다
기쁘게 기쁘게
나는 기쁘다 나는 행복하다
그러면 언제부터인가 정말로 발이 아프지 않았다

그 화분은 우리집에서 죽었고
난 이 이야기를 돈 받고 판다
살면서 내가 배워먹은 것이 이뿐이니까
돈을 받을 때

너 사랑을 했네
그렇게 말하는 사람의 얼굴이 피폐해서 나는 신발을 벗다
말고 주저앉아 신나게 울었다

그래 맞아

내 발이 이렇게 생겼었지 확인할 수 있었던
어떤 하나뿐인 꽃의 장례식장에서였다

― 뱀

 움직여야 할 것이 움직이지 않아 들여다보니 그것의 속은 텅 비어 있었다. 껍질만 남기고, 속이 텅 비어 있었다. 이것은 창자다. 투명 창자. 되고 싶은 생물을 산 채로 먹어치우고 그것인 척하는 창자. 그런 장기가 내 것이었다. 나는 배를 감싸고 허리를 숙인다. 쌔한 기운이 무엇인가를 짐작게 한다. 나의 속은 텅 비어 있다.

 허물이라는 말에는 두 가지 뜻이 있으며 허물의 주인들은 그 두 가지 모두를 감내한다. 나는 허물을 쥐고 집집마다 찾아다니며 대문을 노크한다. 실례합니다만, 이 허물에 꼭 맞는 생물을 찾고 있습니다. 저는 그 생물의 주인이었습니다. 생물을 잡으러 온 것이 아닙니다. 그저 그가 행복해졌는지를 알고 싶습니다. 어떻게 행복해졌는지를 나도 알고 싶습니다.

 그러나 허물의 폭과 길이, 주름과 문양에 꼭 맞는 생물은 만날 수 없다. 당연하게도, 그건 애초부터 단 한 생물의 옷이었는데, 그 생물에게도 작아서 버린 옛날 옷이지 않겠는가? 누가 자라지도 않고 어린 시절의 옷을 입으며 살겠는가?

 바슬바슬한 허물은 내 요긴한 주머니로나 남아 이것저것을 삼키고 보관하며 지냈다. 겉모습이 신기했기에, 사람들은 호기심을 갖고 눈길을 주었다가 표면에 비치는 소지품

들을 모두 보곤 하였다. 나는 그것이 싫어 사람들과 내용물 중 하나만 선택하며 살았다. 안과 밖 중 무엇을 메우기 원하는가, 그날그날의 추구를 따라, 허물은 나보다 오래 살았다. 지금 와서 생각해보면 그건 그냥 비닐 쓰레기였다. 썩을 줄도 모르는……

벗어나기

주워지는 법을 알고 있는
모양과 무늬

그리고

마음에 드는 것을 주우려는
빛과 손

그리고

딱딱한 소라게가
껍데기 없이도 딱딱한 소라게가

오로지 원할 뿐인 패각을 입고
어둠만을 밟으러 다니는 해안

당신이 모른다면
무엇을 마음에 들어 하는지
당신 마음을 알지 못하고
늦게까지 서성인다면

부서진 술병과 악기 파편
떨어진 어린애 신발이

미세하게 움직이며
헤이
이것이 나의 마음이었다네
내가 고를 수 있는
나의 집이었다네

잠시나마 반짝이는 것을 볼 수도 있었겠으나

당신이 옳고 깨끗하다면
내가 아니기에 내가 좋아할 지경이라면

푸른 플라스틱 통과 집게를 가져와

근사한 당신 자신만의 경관에서 헛것으로 흔들렸을 뿐인 쓰레기들을 골라낼 수도 있겠다는 사실이

두렵고 화나고 슬프게
잠겨 있었다

(아무도 주워주지 않을 것을 알고 있으며)

2부
옷

사치

 널 기다리다가, 엄청나게 반질거리는 실크 슬리브리스 원피스를 사고 말았다 전적으로 네가 늦었기 때문
 헐레벌떡 뛰어온 너의 얼굴에 원피스를 던진다 이런 몰지각한 행위, 역사적으로 낭만이라 불려온
 이 악랄한 자식아, 이제 난 기차표를 살 수가 없다 약속대로라면 우린 정시에 만나 시베리아를 횡단하는 열차를 타야만 했는데 너 게을렀지, 다음 차를 타면 된다고, 마음대로 생각했지, 마음대로? 누구 마음대로? 내 마음대로 나는 순식간에 가난해지고 말았다 평소 입지도 선망하지도 않는 이 웃기는 옷을 사버렸다고, 다 끝났다
 너는 혼자서 길고 추운 땅을 가로지르며, 그저 짐짝처럼 실려가고 있을 뿐인데도 마치 그 고통 속을 직접 내달리는 것 같은 비참함을 느끼며 울었다 너의 꿈속에서 나는 파티에 있고 술을 마시고 사람들에게 기대 웃네 그중 누군가의 팔에 팔을 얽고 크루즈를 타고 우리가 갈 뻔했던 나라 가고 싶어했지만 차마 입 밖에 내지 않았던 그 나라로 떠날 수도 있을 것 같지 과연 그럴까? 네 꿈속을 한번 둘러본 나는 어처구니가 없어 웃고 말았네 돌이켜보면 지독한 악역의 조소처럼 보였을 것 같은데
 실크 원피스를 입자 한순간에, 나는 헐벗은 사람이 되고 말았단다 이 나라에서는 지나치게 춥고 흉하고 괴상하고 부담스러운 모양새가 되고 말았단다 우리가 가려고 했던 시베리아로는 미치지 않고서야 향할 수 없는 차림이 되고 말았

단다 나는 가능한 한 가장 싼 방에 들어가 내가 윤이 난다는
사실 하나만 끌어안고 너와 시베리아와 꿈과 맞바꾼 이 사
실을 포기하지도 못한 채 거울을 보며 살았지 사람들은 날
나르시시스트라고 불렀고 말이다

실타래들

 실타래들끼리 모였을 때 으레 벌어지는 일이란 이렇다.
 건드리기. 조금씩. 풀어질 수 있게
 잡아당기기. 한 느슨한 실타래가 걸려들기만 한다면 그는 좌중의 기쁨을 위해 어릿광대처럼 데굴데굴 구르리라. 다른 실타래들은 그를 풀며 안도하겠지.
 우리 모두 어색한 실타래가 아니라는 사실에. 아니게 되었다는 사실에. 이 응접실에 무언가 즐겁게 만질 것이 바라볼 것이 있고 그것이 내가 아니라는 다행스러움에 한숨을 쉴 수도 있다.

 손쉬운 실타래는 감지한다. 아, 여기 나 같은 실타래는 없군. 이 역할은 싫지 않아.
 손쉽다는 사실이 슬픔이라면, 억울함이라면, 불쾌감이라면 나는 나로서 불행하겠네.
 그러니 웃을 수밖에. 나는 엉키지 않았다. 묶이지 않았다. 자유롭게 바닥날 수 있다. 이것을 자랑할 수밖에.
 달려갈 수 있다. 나를 무엇에 써먹으려는 손이든 의심하지 않고
 최선을 다해 앞구르기할 수 있다.

 손쉬운 실타래는 자신이 양말 한 짝으로 변해버린 뒤에도 그때 그 실타래들에 대해 생각하는 일을 멈출 수 없다. 다들 어디서 무엇을 할까? 서로를 알아보기나 할까? 누구든 실타

래였던 적 있는 직물들은 능숙하게 담소를 나누곤 하였다. 그때는 아무것도 아니었지요. 그때는 꿍하고 유약한 공이었습니다. 그때는 살 속에 어둠과 종이 조각만을 품었습니다.

 그 말들을, 손쉬운 실타래는 믿을 수 없다. 그건 나도 마찬가지였어요. 당신들 안에 무언가 대단한 게 있어서, 나는 그걸 지켜주어야겠다고도 생각했는데. 정말로 당신들 그런 당연함으로 인해, 그토록 웅크리고 불안했나요.

 그러나 이제 와서 그 일이 다 무슨 소용일까? 우리는 양말이 되거나 모자가 되거나 인형 또는 책갈피가 되어 그날그날 닥친 소용을 해나가야 하는데. 한때 꼬였다거나 깊숙한 곳에 뭘 꽂아넣고 살았다는 게 중요할까? 직물들은 다 그렇게 생각하기에 아무렇지 않게 옛일을 입에 올린다.

상자들

열리지 않는 상자들끼리……

약속한다. 몸을 바꾸기로
너의 안에 무엇이 들었는지 영영 알 수 없는데도, 나는 네 것이요 너는 내 것이라 선언한다. 꼭 두 개의 상자가 된 것처럼
가진 것이 불어서 기쁜 보통의 사람들처럼

나는 공정거래를 원하는 상자가 아니라
진실한 상자.

한 번쯤은 근사한 상자를 원했던
근사한 상자로 살아보고도 싶던

근사한 상자를 사랑한 상자.
너는 참 근사했던 상자. 근사하기에 그것으로 소임을 다 했던 상자.
이제는 말해주고 싶어. 네가 갖고 있는 그것들 무엇이든 아무것도 아니든 아무것도 없든 전부 무시해도 되었다고. 너는 어차피 널 열어볼 수 없다. 열 줄 몰라.

영영 열리지 않을 듯한 상자들끼리……

—

모여서 진실게임을 한다. 돌아가면서 가진 것을 말하자고 한다. 그런 건 재미없어, 일생일대에 걸쳐 해왔고 앞으로도 할 거니까. 이 자리에서 하나씩 꺼내보면 어때? 제안하는 천박한 내가
  당신들을 조롱하기 원하지 않고
  텅 빈 상자도 진심으로 욕망한다는 진실을 믿어주길 바라기에
  쓴다.

  호주머니를 까뒤집어
  무어라도 꺼내주었지
  열리지 않는 상자들
  받지 못하고
  마주 열지 못하고
  바라보던 상자들
  빈곤해가는 남의 내부를
  바라만 보던 상자들
  저 상자를 조심하라
  수상하리만치 값싸군
  그들의 생각마저도
  메아리치는 이곳은
  얼마나 비어가는가
  이제 잘 열리지 않을 듯이

녹슬어 보이는가
나의 주인이여
진실하게 말해주게
이 아귀가 틀어지기 전에
날 열고 속에 남은 것을 하나하나 꺼내
진열해보게
미움 미움 미움
사랑 사랑……
갑갑함
갑갑……

꿈의 옷

 이 티셔츠의 가슴팍은 여전히 축축해진다 이제는 세수하면서 팔꿈치로 물을 흘리지 않지만 수박을 썹다가 쩐득해진 손을 옷에 마구 닦지 않지만

 밖에서 입을 수 없는 이 티셔츠 유행 지났고 면에 보풀이 많고 안 지워지는 얼룩이 생겨버렸고 자기 전에야 은밀히 꺼내 쓰다듬어보는 티셔츠 집에는 아무도 없지만 아무도 나의 자는 모습을 보아주지 않지만 나는 주위를 한번 둘러보고 이것을 입는다

 익숙한 냄새다 그러나 그리운 냄새야 고작해야 나의 냄새일 텐데도 내 콧속에서 나는 냄새 같은 건데도

 누가 이걸 입은 날 보았나 누가 촌스럽고 낡아빠진 구질구질한 나를 봤을까 나는 이것을 외출복으로 권했던 사람과 예뻐하며 비슷한 것을 갖고 싶어했던 사람 또 이것을 함께 입었던 사람의 이름을 부른다

 너희들은 어떤 옷을 입고 자니 세상의 잠옷이란 원래 이 따위일까 사랑받은 옷의 말년이 모두 이 모양이라면 나는 울지 않고 이쪽에서 저쪽으로 침대에서 꿈으로 넘어갈 수가 없을까— 나는 누워서 옷으로 눈을 닦는다 세상에 아직도 이것을 입고 있다 그리고 처음 이것을 입었을 때의 기쁨과

― 포근함 자랑스러움 안락함이 가슴 중심에서부터 서서히 퍼져나가는 것을 느낀다 아직도 말이다

　미약하게나마 나는 여전히 느끼고 있고 느껴지는 한 괴롭지 않다 느껴지는 한 외롭지 않다 느껴지는 한 나는 똑바로 누워 한 사람 한 사람 이름을 부른다 모두 저쪽으로 가버린 사람들이군 영영 저쪽의 사람들이군 어디 보자…… 너희들은 어떤 옷을 입고 다니게 되었니

―

세차장과 폐차장

새것이 필요했는지도 모르지

어둠 속에 앉아서
내가 왜 지루했는지
심해 생물처럼 덤덤했는지
도대체 뭘 더 알고자 했는지에 천착하는 일은

멀쩡한 접시를 벽에 던져 부쉈을 때의 희열과
낭패
찌릿한 안타까움
그 행동이 실은 욕심에 의한 것이었다는 수치심을
불러일으켰는데

나는 이보다 더한 것을 깨닫게 될까 두려워 차 안에서 나오지 않기를 결심했다

엔진이 낡은 자동차

더는 옛날처럼 성내지 않는 자동차
크게 사고 난 적 없어 아직 내 것이나
겨우 이런 것이 내 것이라니
고속도로에서 문을 열고 뛰어내리거나 더 마음에 들지 않는 차에 갖다 박아버리고 싶기도 했던

엔진이 낡은 자동차 하나

너는 그 안에서 많은 시간을 보냈어
으레 연인이 무엇인지 알지 못하는 어린애들이 그렇듯
많은 시간을 함께 보낸 사람을 좋아하게 되었고
인생에 단 한 병뿐인 샴페인을 따서 나누었네
한 번뿐인 폭발
그리고 술에 젖은 채, 이것이 무엇인지
어떤 맛이라 할 수 있는지 알지도 못한 채로
그리워했다
참 훌륭했는데
무엇이 훌륭하고 형편없는지, 모르는 첫 삶이었으면서

아무래도 살아서 꿈틀거리는 것 같은 페인트 붓이
차창 밖에서 손짓하도록
이봐, 이름이 뭐야
난 시간이라는 미장이라네
여기부터는 내 구역이다

저것의 숱한 촉수들이 우리를 한번 쓰다듬고 나면
어떤 색이 되어 있을지
궁금하지 않았지만

모든 것은 나의 의사와 관계없이 움직였다

차창이 검게 틀어막힌 이래로
네가 어디쯤에서 어떤 날씨를 가로지르나 얼마나 잔잔하게 또는 뜨겁게 구르거나 일어서는가
행복할 때
그 기분을 처음 가져본 것처럼 기뻐하는가
궁금해하지 않았던 적
없다

벽난로가(家)의 번영

제 성은 벽난로입니다 소개하면 자랑을 즐기는 사람 같지만…… 엄연한 사실이고 자랑 될 것도 아님을 알기에 그냥 쓴다
"불은 뜨뜻하고, 조금은 아쉽고, 오래 마주하고 있으면 지저분해지는 것…… 그러나 명백히 주는 것"
부모는 아쉬움을 모르도록 장작을 넣고 또 넣어 자신들이 건설한 자신들만의 벽난로를 지키려 했다 그러나 태어날 자녀가 스스로 선택하지 않은 이름에 던지는 질문에 대해서는 답할 수 없었다

"불은 아프고, 따갑고, 무서운 것…… 명백히 다 죽여버리는 것"
완고한 잿더미씨는 내 첫 연인이었다 잿더미씨의 이해를 고치려 드는 누구든 잿더미를 진심으로 사랑하는 게 아니라고, 잿더미와 잿더미의 가족들은 입 모아 말했다 그러나 잿더미이기에 어쩔 수 없이, 날 원했다
무례한 벽난로, 재수없는 벽난로, 더러운 벽난로, 멍청한 벽난로, 죽지 않는 벽난로, 망하지 않는 벽난로
흰 손가락을 짓이겨
보이지 않는 곳에 낙서

이후 나는 맹렬하게 사랑하기 시작했다 누구든 가리지 않고 몸에 넣었고 개중에는 놋쇠 그릇이나 다이아몬드처럼 오

래 남았던 단단한 자식들도 있었으나 결론적으로는 녹여 없애거나 내쫓거나 잿더미로 만들어버렸고, 그건 내가 잿더미를 원한다는 뜻인지도 몰라 불우한 기분을 유발했다 무례한 벽난로, 재수없는 벽난로, 한번 잿더미를 만들고 나면 같은 말이 돌아왔으며 불길은 어떻게든 가라앉았다 역시, 불은 그런 것일까?

나는 벽난로인데, 아프지 않고 따갑지 않고 무섭지 않은데, 불 때문에 죽어본 적 없는데, 불과 멀어질 수도 없는데
 활활 타오르던 날에는 진심으로 바스라져 눕고 싶었다 조금 덜 살고 싶었고 작디작고 자유로운 입자로 남고 싶었고 낙서가 되고 싶었지 낙서당하는 지저분한 벽 같은 건 되고 싶지 않았다 고통을 느끼고 두려움을 익히고 시원하게 욕하거나 원하면서 가벼워지고 싶었다……

 제 성은 벽난로입니다 소개할 때 그것 봐, 너도 벽난로지? 너는 어쩔 수 없는 벽난로라니까? 벽난로들은 꿰뚫어보았다는 듯이 웃으며 모여들었다 자신들의 중심에 난 커다란 구멍—무엇이든 던져 넣을 수 있고 훤히 들여다보이는—에만 집착하는 이들이었다 구멍을 맞대는 방식으로 구멍을 감추려는, 구멍이라고는 안 보이는 멋진 삶을 도모하는 이들이었다
 나는 벽난로와 가족을 이뤄 뜨뜻하고 아쉽고 누구도 잿더

— 미로 만들지 않는, 벽과 벽을 마주대고 선, 누구도 누구 안으로 들어가볼 수 없는 여생을 살았다

3부
집

꿈의 집

　유리로 된 방문. 누가 가정집 안에 유리문 달 생각을 했는지 모르고, 내 가족은 어째서 이런 데 살 결심을 했는지 모르지만, 근사한 집.
　유리문이 달린 방은 나의 방. 태어났을 때부터, 유리문 방은 내 것이었네. 내게 어울리기에, 설명도 없이 배정받은 방. 들여다보는 방.
　유리를 통해 가족을 보네. 가끔은 이 문이 열린다고 느끼나 항상은 아니네. 온몸으로 쿵쿵 밀어도 나가지 못하는 날 있고 원래부터 문 따위 없는 것처럼 미끄러져 통해버리는 날 있네. 그러나 언제나 눈 마주칠 수는 있지. 우리는 관심으로 서로를 관찰하지.
　바라보는 게 들어가는 것보다 쉬운 장소가 있지. 시간이 있고 관념이 있지. 동물원 사자 우리, 아빠가 말하고 옛날과 청춘, 엄마가 말하고 개그콘서트 세트장, 언니가 말하고 여자가 있는 술집, 예비 신랑이 말하네. 거울, 나는 말하네. 우리는 거기에 있고자 하네. 여기에 살아도 거기에 사는 기분 내고 싶었네.
　너는 나의 역작. 건축가는 강조해왔네. 나는 그의 집 일부. 집은 그의 근사한 사랑.
　사랑이 무엇인지도 써볼까. 뭉클하게 야하게 써도 재미있겠지만 내겐 그럴 능력이 없네. 다만 오래 정의해본 것처럼 말해버리지. 신체끼리 붙어 정신이 드나드는 문.
　나는 언제나 투명하다고 욕 처먹네. 그렇다고 철거할 수

는 없다네. 도시 공원의 의아한 조각품처럼. 의의가 충만하
다네.

반려

쓸 것이 필요하겠구나. 여자는 애완견을 위해 갈색 두건을 산다. 애완견은 짖는다. 갈색은 싫어. 그건 똥색이다. 애완견은 설명하다 지쳐 잠든다.

여자는 눈 감은 애완견의 머리에 살살 두건을 묶고 몰래 가족사진을 찍는다. 아주 나중에야 애완견은 그 사실을 알고 턱을 떨며 짖는다. 미친듯이 짖는다. 내가 싫다고 했잖아. 여자는 웃는다. 이미 샀는데 어떡하니. 애완견이 토하기 시작한다. 산 다음에, 내가 싫다고 했잖아. 분명히 말했잖아.

여자는 슬슬 지친다. 아가야, 네가 언제 갈색 아니었던 적 있었을까? 네 색과 딱 맞는 예쁜 두건이 왜 싫다는 거야. 애완견이 털을 쥐어뜯기 시작한다. 내 가 싫 다 고 했 잖 아. 분 명 히 말 했 잖 아. 남자가 끼어든다. 이 개 이상해졌어. 어릴 땐 순하고 귀여웠는데. 다 른 강 아 지 들 처 럼.
다른 강아지들이 몰려온다. 구경한다. 그들은 같은 눈동자를 달고 있다. 같은 완구 회사에서 쏟아져나온 것처럼.

애완견은 온몸을 부들부들 떨며 똥을 싼다. 두건에 달려들어 미친듯이 물어뜯는다. 찢어버린다. 그건 완구가 할 수 없는 행동이다. 애완견도 할 수 없는 행동이다. 남자는 낯섦과 두려움을 느낀다. 여자는 실망과 체념을 느낀다.

남자나 여자가 자유롭고 모험을 즐기는 인간이었다면 애완견의 정수리에 막 솟아나려 하는 작은 뿔을 놀라워하고 자랑스러워할 수도 있었으리라. 그러나 그들은 누구와도 상의하지 않고 조용히 두건을 샀다. 사랑을 담아. 아무것도 묻지 않고 책망하지 않고 비관하지 않고 애완견이 다른 강아지와 나란해 보일 자격을 선물하기로 했다.

애완견이 애완견이 아니게 되어 떠나는 날 여자는 사진을 어루만지며 울 것이다. 그 사진에는 뿔이 없고 번뜩이는 눈동자가 없고 이른바 똥색의 털과 똥색의 두건만 찍혀 있을 것이다.

꿈의 고백

친언니가 피자를 사와서 내게 한 조각 먹이고 말했다 나 외계인이 될지도 몰라
아니 어쩌면 처음부터 외계인이었는지도 몰라

담담히 피자를 내려다보았다 아는 맛 좋은 맛
그렇지만 오늘은 안 먹고 싶었던 맛
피자로 말할 것 같으면 내 악독한 선생이 가로수길에서 팔았고 내 최초의 사랑이 익선동에서 팔았던 맛 나는 피자를 처음 먹은 날에 기절할 듯이 놀라 뱉어버리고 집으로 뛰어가 일주일을 숨어서 당황과 분노에 두근거려야 했지 그러나 이제는 그들처럼 그 과거처럼 예삿일처럼 씹고 삼키고 넘겨버리네
흔하디흔한
갈기갈기 찢어진
죽은 동그라미
지구는 재미있구나 가족이 이종족일 수 있다니
외로워도 홀로 이종족인 편이 낫겠지
묻지도 따지지도 않는 이해를
오해라는 이름의 가장 큰 이해를
우주로 쏘아올리는 얼렁뚱땅함이 우리의 같잖은 지구식 다정이라면
이해를 받고 또 받으면서 억울해할 수도 있겠지
한 번도 내 심장을 맞춘 적 없는 장난감 총알이 팔다리를

멍들게 하듯
 이 동그라미는 살아 있구나 어설프게 우주에 붕 떠
 과녁…… 죽은 동그라미로서 느끼듯

 언니, 인생에 할 고민이 많은데 지금 그런 고민까지 더해야겠어? 생각하지 말고 피자나 먹어 나는 꼭 내가 피자를 사온 것처럼 생색을 냈다

 드디어 우리 딸들도 대화란 걸 하는구나 외출에서 돌아온 엄마 아빠가 모자를 벗으며 반가워했다 부모의 뒤통수에 솟은 더듬이들은 그날따라 모른 체하기 어려울 만큼 꿈틀거렸다
 그럼에도 그로부터 눈을 돌리는 것은 내 생애의 거의 유일하고 능숙한 요령이었다 유전적으로 타고났을 수도 있었다

외계인 가족의 시

은색 홈통에서 검은 물이 흘러나왔다. 비가 내려서.

떨어지는 빗소리를 듣고 집에 살던 이들은 침묵했다가 잽싸게 신발을 주워 신고 밖으로 나갔다. 우산을 챙길 정신은 없었다.

비다. 비야. 새로 손질한 긴 머리카락이 젖고 드라이클리닝만 해온 카디건이 젖고 진짜 가죽으로 된 신이 젖고 속옷과 양말이 젖고…… 그들은 비참해졌다. 비가 내려서. 비 때문에 우리는 엉망진창이 되었군.

그들은 회상을 시작했다. 한때 그들은 대머리였고 옷은 입지 않았고 물에 녹지 않는 페인트를 발라 몸을 치장했고 미끄러지지 않는 고무 슬리퍼를 신고 녹색 옥상을 뛰어다녔다. 옥상은 깨끗하게 정돈되어 있었다. 막 내리는 투명한 비를 온전히 머금을 수 있도록 관리되고 있었다. 그들은 잘 닦인 리놀륨 바닥 위에서 하루도 빼놓지 않고 우우, 우우 소리를 지르며 춤을 췄다. 사람들은 경찰에 신고를 했다. 재미있는데, 그냥 두죠, 경찰이 말했다.

영원할 것 같던 기우제였다. 어쩌면 영원하기를 바랐는지도 모른다. 행복했으니까. 이런 행복한 마음으로는 몇 날 며칠을 빌어도 소용없어. 우리는 거짓된 소원을 빌고 있는 거다. 깨달은 그들은 곧 기우제를 그만두고 집으로 내려갔다. 남자, 여자, 부모, 자식이라는 역할을 정해 가졌다. 엄마는 전축을 틀고 요리와 청소를 했다. 아빠는 현관에 서서 자랑하듯 넥타이를 매고 끌렀다. 아들은 농구를 하고 해외 축구를 보고 울부짖는 남성 발라드를 들었다. 딸은 네일을 하고 다이어트 약을 사고 애프터눈 티 세트를 먹으러 갔다. 모두의 옷과 모발이 풍성했다. 하나도 괴상하지 않았다. 하나도 잘못되지 않았다. 쩍쩍 말라붙은 땅 위에 아름다운 가정이 원활하게 구르기 시작했다. 옥상은 폐쇄되었다. 거기에 뭐가 자라고 있는지 뭐가 썩고 있는지 뭐가 소리치고 있는지는 알 수 없게 되었다. 옥상은 언제나 그들의 위에 도사리고 있었지만.

홈통에서는 끝도 없이 검은 물이 흘러나오고 있었다.
사람들이 그것을 구경했다.

비가 점점 더 거세져서 마침내 물의 색깔이 맑아지기 시작했을 때 에이, 이제 재미없다, 누군가 말했다.

교정

신호등이라면 어때?
반짝거리고
옳고
죽을 때까지 이 자리를 벗어나지 않는 거야
약속하는 거다

아름답지 않고 몸도 마음도 잘 돌아가지 않는 나에게 그렇게 제안한 건
사연도 없이 지나가는 사람
처음이자 마지막으로 보고 마는 사람

어느 쪽이 더 많이 기다렸을까
수년 동안 같은 자리에 서서
이랬다가 저랬다가 모쪼록 빛나면서 튼튼히 지냈지만

마음대로 움직이는
그러므로 위험해지는 당신들이 셀 수도 없이
가로로 세로로 벌컥벌컥 쏟아지며
날
주시하거나 무시하며
멀어져갔습니다

4부
춤

석별 1

개는 성격이 나빠지려는 기로에 서 있었다

개가 조금이라도 웃었으면 해서 우스꽝스럽게 얼굴을 들이밀었는데
그대로 한쪽으로 넘어질 줄은 몰랐다

"난 원래 착했어
좋은 사람이었다고
좋은 사람, 알아?"
개는 마구 화를 냈고
슬퍼했고
용서하지 않겠다고 했다
한번 가기 시작한 길은 돌이킬 수 없었다

난 죄책감을 느껴 개를 뒤따라가며 미안해 미안해…… 말했지만
그 순간부터 의심하게 되었다
과연
좋은 사람이었다고?

거긴 성격이 나빠지려는 기로였다 개와 나는 같은 방향으로 가고 있었고
길은 점점 좁아졌기에

어느 순간 나는 꽉 끼어서 오도 가도 못하게 되었는데

개는 계속 가버렸다
눈에 보이지 않게 되었다

지독하구나

개가 사라진 이후 오래도록 원통해했다
오해받아서가 아니고
원하지 않는 방향으로 걸어와서가 아니고
끝까지 따라갈 수 없어서가 아니고
끝까지
개가 웃지 않았다는 것
울면서 저주했다는 것
그러나 원래는 좋은 사람이었다는 것
내가 그 말을 믿고 싶어했다는 것
그러나 하나도 믿지 못하고 이 골목에 끼어
더 나빠지지도 못하고 돌아가지도 못하고 개가 되지도 못
하고……
번갈아 얼굴을 들이미는 우스꽝스러운 사실들이
종종 나를 개만도 못한 기분으로 몰아넣었다

해파리들

촉수가 하나뿐인 해파리를 두려워 말라. 그는 그 다행스러운 촉수로 밥도 먹고 천적도 쫓고 자기 몸무게며 살아가는 경로를 건사하느라 분주하다. 느긋하게 남을 후려칠 여유가 몸에 남아 있을 리 없지. 그러나 사랑을 할 수는 있다.

촉수가 무척 많은 해파리를 두려워 말라. 그는 상상할 수 없이 무수한 방향으로 몸이 찢기는 자이다. 하나는 괜찮아, 두 개도 괜찮다, 이곳저곳 빌려주다 얇고 긴 가능성으로 자기 자신을 미라처럼 감아 교차로에 붙박아둔다. 당연하게도 바라는 곳으로 향할 수 없지. 그러나 사랑을 할 수는 있다.

두 해파리의 촉수가 얽히는 일을 두려워하라. 한 해파리는 야위고 피폐하고 위험해진다. 나, 전부 내버리고 여기를 택했다. 너에게 몸을 걸었단 말이다. 네가 움직이기 전까지 피가 마르는 줄다리기 속에 있다. 못된 것. 못된 것. 나 같은 것 이해할 의지도 필요도 네겐 없군……
 ……한 해파리는 유연성을 시험받는다. 나, 이 같은 힘으로 잡아당겨진 적 없다. 이처럼 무시무시한 중력은. 처음이다. 처음이야. 촉수 하나쯤 잃는 정도로는 끝나지 않을지도. 결핍이란 듣던 대로 벅차다.

나는 바다에서 매혹적인 끈 하나를 줍는다. 그리고 바로 환자가 된다.

이 얘기를 들은 파트너는 내가 미친 줄 알았다고 했다. 미친 사람과 무지한 사람 중 하나가 되어야 하는 순간은 불시에 발밑에 도착한다.

그 끈은 과연 전부였을까……
……아니면 일부였을까?

사교댄스를 춰본 적 있는가? 다행인지 불행인지, 나와 내 파트너는 적지도 많지도 않은, 그저 그렇고 비등비등한 팔다리의 다행과 불행을 가지고 있어 우리들 사이엔 아무 일도 일어나지 않았다. 병상에 누워 지낼 때보다도 따분한 춤이었다.

명분

북
북
북치는 인형의 북을 건드려
내려주었습니다
장고 끝에
자유가 올 것이라는 믿음과 함께

?
?
인형은 눈에 보이는 것 이상의 무언가를 크게 잃고 허공에
회초리질을 시작했습니다

잘못했습니다
거짓 이름을 갖게 된 인형에게

무릎을 꿇고 기어가
다리를 안자
인형은 반색하며
너
너
그때부터 내 머리를 때리기 시작했습니다

그럴 만했다

이유는 솜사탕처럼 만들 수 있다. 기계에 막대기를 넣고 젓고 젓는 손들이 많을수록 솜사탕은 다양해지고 그렇게 저으며 서 있을수록 각자의 솜사탕 부피는 조금씩 조금씩 자란다.

모든 인간이 솜사탕을 들고 갈 수 있지만 공공장소에서 먹거나 권할 수 있지만 모든 인간이 솜사탕처럼 태어나는 건 아니다. 그렇게 간단하게 되어먹은 게 아니다.

그러니까 네가 쥔 중심을 보여줘. 뼈를 보여줘. 네가 놓을 수 없는 그 단단한 막대기를 보여줘. 거듭 요구하지만 너는 불안한 나머지 너무 오래 서서 손을 휘저어온 인간이며 네 옆에는 너 같은 인간들 너보다 더하면 더했지 덜하지 않은 인간들이 함께 손을 휘젓고 있기 때문에 나는 엄청나게 거대하고 말랑하고 폭신하고 달콤한 뜬구름에 파묻혀 입과 코와 귀로 밀려드는 설탕 입자에 정신을 차릴 수가 없는 것이다. 나는 앙상한 나무젓가락을 들고 바닥나지 않는 그것을 걷어내며 쯧쯧, 저 사람 좀 봐, 불쌍한 사람, 겨우 저 정도밖에 안 되는 사람, 풍만한 구름 속에서 정체를 알 수 없는 중심들이 웅얼웅얼하는 소리를 들었다. 분하여 덤벼들수록 나의 젓가락은 흐릿하게 무언가에 휩싸여갔다.

구원

올빼미들이 삽을 들고 한 인간을 묻고 있었다 인간은 멀뚱멀뚱 살아 있었다 친애하는 올빼미 여러분, 지금 무엇을 하고 있나요? 올빼미들은 침통한 얼굴로 장례, 말하였다 하지만 저분은 죽지 않았는데요 올빼미들이 눈썹을 치켜떴다 저분은 눈을 뜨고 있어요 올빼미들은 조롱받는 기분을 느꼈다 여러분, 슬퍼하지 않아도 돼요 올빼미들은 애써 화를 참았다

……나는 저분을 구덩이에서 꺼내야 합니다, 까지 말하고 싶었으나 말해야 했으나 삽을 든 우울한 올빼미들과 다툴 수 없어 가던 길을 갔다

뜬눈으로 밤을 지새운 다음날 그 자리로 달려가 흙을 파내고 보니 한 인간이 깨끗하게 누워 숨쉬고 있었다 나는 인간을 업고 집에 돌아와 침대에 누이고 입에 물을 흘리고 팔다리를 주물러주었다 한 인간은 숨만 쉬고 눈도 깜짝하지 않고 내 침대를 차지하기 시작하였다

뉴스에서는 무덤이 파헤쳐진 사건을 보도했으나 잠시였다 올빼미들은 내 인상착의를 증언하고 싶어했으나 잠깐이었다 한 인간이 죽었는지 살았는지는 그렇게 엄중한 소식이 아니니 사람은 어차피 다 죽고 올빼미도 죽고 백 년도 못 사는 것들이 지지고 볶고 난리라고 파이다 만 구덩이는 속 시

끄러워하며 결국은 가만히 있을 터였다

 나는 불가피하게 창을 가리고 문을 걸어 잠그고 조용히 한 인간만 돌보는 삶을 시작했는데 가끔은 너무너무너무 억울해서 아! 벽과 창문에 발길질을 해댔다 인간도 조용히 돌봄을 받았으나 가끔은 이런 곳에 끌려와 이런 꼴 보고 살 바에야 그때 죽을걸…… 하는 눈빛을 내게 보내주었다

 한 시대가 지나서야 우리는 산책을 결심할 수 있었는데, 그때는 한 인간도 나도 빛을 보지 못하는 게 익숙해져서 오늘이 아니면 언제 걸어나가겠냐 하는 마음으로 유독 볕이 아름다운 시기를 맞이했는데, 세상은 희고 안온했고 기억하던 것만큼 더럽거나 무섭지 않았다 우리는 바뀐 세상을 조심조심 걸어보았다 그때까지도 변함없던 한 구덩이가 문득 밟혀 이곳이 어디인지를 알려주기 전까지는

 좋은 날, 이런 마주침은 익숙해서 기다리지조차 않았을 것 같은 구덩이가, 오늘은 좋은 날, 결국 그토록 등졌던 게 네 몫이 되는 거야…… 말하며 주섬주섬 삽을 꺼내주었고 나는 울면서 소리지르면서 삽을 뿌리치고 한 인간을 내팽개치고 달리고 또 달렸다 그리고 보았다 세상이 아주 옛날부터 공동묘지였다 그런데 날이 상쾌해서 달리기가 아주 좋았다 나는 손을 들고 무덤을 콱콱 밟으며 무덤 위를 펄쩍펄쩍

― 뛰며 방향도 없이 나아갔다 아주 신나게

꿈의 무늬

 무엇을 보고 있느냐 물어서 물을 보고 있다고 대답했다 당신은 물을 보는 사람이냐고 묻기에 아니라고 시를 쓰는 사람이라고 대답했다
 시시각각 변하는 물을 보면서 나는 친절하게 알려준다 주홍색은 '희열' 희미해서 거의 보이지 않는 푸른색은 '용서' 긴 꼬리가 빙글빙글 돌아가는 크림 같은 것은 '미련' 저기 반짝이 가루는 별로 중요한 게 아니다 예쁘지만 신경쓸 필요 없고 다시 주홍색이 번지려고 하네 자 말해보자 이게 뭐라고?
 당신이 나에게 가르치는 사람이냐고 묻기에 화를 냈다 가르치다니! 바보 같은 너를 물 앞까지 데려왔는데 내게 오만한 선생 취급을 하다니 지금 당장 돌아가지 않을 거라면 귀담아 듣는 게 좋을 거다 언젠가 네가 걷어차여 이 물에 빠졌을 때 뭘 쥐어야 하고 뭘 밀어내야 하는지 나는 신에게도 말하지 않은 비밀을 알려주고 있는 거라고 엄청나게 치욕스러운 진실을! 내 입으로!
 참지 못하고 눈물을 떨어뜨리자 물이 흔들렸다 뱅글뱅글 혼란스러운 무늬를 엎고 싶어 참지 못하고 당신을 떠밀었다 당신은 물을 먹고 죽을 얼굴을 하며 어리둥절해했다 이해하지 못한 색과 빛과 문양을 잔뜩 삼키고 토하고 싶어했다 왜 이러는 거야, 뭐야, 완전히 미친 사람 아니야? 아니야! 아니라고, 나는 장사꾼이라고 사기꾼이라고 대답했다
 언젠가 나 철없는 연인들에게 배쓰 밤을 팔았던 적이 있

— 다 이것이 당신들의 벌거벗은 몸을 가려줄 것이라고 서로에게 부끄러움 없이 떳떳할 수 있을 것이라고 말했다 생글생글 웃는 얼굴만 보여주었다

5부
칼

새

2017년 2월 3일

  딱따구리를 데리고 있다. 이것은 내 약점이다. 딱따구리는 어디든 구멍을 낼 수 있으니까. 사람의 머리통에도.
  딱따구리는 내 머리 옆쪽에 구멍을 뚫어주었다. 그건 정말이지 환상적인 사고였다. 귀가 생겼다. 딱따구리가 어찌나 청명하게 나무문을 쪼고 다니는지가 다 들렸다. 난 비로소 듣는 사람이 됐다.
  나의 방문은 말할 줄 몰랐다. 내가 듣지 않는 사람이었기 때문이다. 이제 방문은 딱따구리를 통해 내게 말을 전할 수 있다. 나는 그걸 즐겁게 들을 수 있다.

  딱따구리가 부리를 사용하는 이유, 날 즐겁게 하기 위해서가 아니라, 문이나 벽 또는 모자걸이의 말을 발굴해주기 위해서가 아니라, 구멍을 뚫기 위해서, 자기 몸이 통과하기에 충분한 길을 내기 위해서라는 사실을 알았을 때에
  내가 가진 견고한 것에는 모두 구멍이 나 있었으며, 딱따구리는 사라지고 없었다.
  나는 가진 것을 전부 내놓고, 딱따구리를 찾을 수 있다면 누구에게 무엇을 주어도 좋다는 식으로 대로에 나가 허물어졌으나
  이미 좀먹을 대로 좀먹은 내 모든 것에는 아무도 관심을 주지 않았다.

시간이 흘러 나는 머리통에 난 구멍이 생각보다 컸었다는 걸 알게 되고, 반대로 딱따구리는 생각만큼 크지 않았던 것 같다고
　돌이켜보았다. 어쩌면 딱따구리는 도망간 게 아닐지도 몰라. 아예 내 안쪽으로 들어온 거야. 그게 아니라면 이렇게 딱따구리가 느껴질 수는 없어. 이 느낌에 대해 나 여전히 말을 멈출 수 없어.
　가장 깊숙한 곳에 너 잘 살아 있어. 집인 줄도 모르고 흔들렸던 집이 너를 온전하게 품고 있어. 구멍으로 볕과 공기가 들이닥쳐.
　너 거기 있구나. 덕분에 나는 구석구석 파여가며 안쪽이 하는 말을 받아쓸 수 있게 됐다. 비로소 쓰는 사람이 됐다.

뿌리 없는 화살

도축장의 한 돼지, 으깨어짐을 면하기 위해 자신이 다른 돼지와 다르다는 것을 확실히 했다

저 돼지들은 더럽고 미지근합니다
추하고 천하고
그래서,

저는 돼지를 싫어합니다
말인즉슨 저는 잘못 태어나 자랐고 잘못 불리우고 있습니다

돼지는 두 발로 걷고 옷을 입고 인간의 언어를 구사한다
처음부터 그랬는지 지독하게 배웠는지 알 수 없다
돼지의 얼굴에서 윤이 난다
나는 이 돼지를 사랑할 수도 있었다

도축장의 특별한 돼지, 두 발에 장화를 끼고 다시 두 발에 고무호스와 형광 빗자루를 들고
돼지의 침과 똥과 구토와 비명을 치운다
더러운 것
더러운 것

가능한 모욕을 박박 긁어
던지고, 던지는 곳에는 돼지 모양 과녁이

매끄럽다
타격 같은 건 없다

그는 돼지 과녁을 장홧발로 부수면서 쾅쾅 아무도 안 볼 땐 네발로 편하게 부수면서 죽어! 죽어! 돼지 새끼 죽어! 소리쳐왔다

그럴 때 슬픈지, 기이한 들뜸에 휩싸여 있는지, 아무렇지 않은지, 좋은 삶을 믿는 중인지
나는 열심히 궁금하다
그따위 것을 궁금해해서

그를 가두었으나 가두지 않던 슬레이트 건물의 앞문과 뒷문을 동시에 열어젖히며
공기의 흐름에
머리를 푹 뗀다

도축장의 앞문과 뒷문

—앞문

공기가 흐르고

― 돼지는 결혼을 한다

  돼지를 죽이자고 깃발을 들고 삐라를 뿌리던 마을의 여자와 함께 안정을 찾는다

  나는 그와 오래 일했지만 한때 당신의 부인과 내가 돼지 섬으로 여행을 다녔으며 그곳에서 돼지고기를 즐겨 구워먹었다는 말은 하지 않았다

  속이기와 속아주기가 번갈아 눈을 뜨고 기만자를 찾는 놀이를 하는 동안
  여자와 돼지는 더 재미있는
  삶 놀이와 사랑 놀이를 하고

  나를 만든다

  나는 알겠다

  나는 기꺼이 사람들과 몰려다닐 것이다 나는 놀이터에서 학교에서 회사에서 사랑받을 것이다 세상 사람들이 돼지를 먹든 키우든 예뻐하든 싫어하든 나에게 중요한 이야기는 아닐 것이다 나는 엄밀히 말해 돼지가 아니니
  돼지 목소리로 인간 말을 하면 재미가 생길 것이다 재미

가 공기의 흐름을 주관할 것이다 난 몸의 구석구석에서 올라오는 돼지 냄새를 섬유 향수로 가리듯 쉬지 않고 웃음을 뿌릴 것이다 공기는 왁자지껄 웃으며 나를 덮치고 태워 빠르게 지구를 한 바퀴 돌 것이다
  돈다

만들어질 때부터 패배한 상태로

도축장의 앞문과 뒷문

—뒷문

돌아보기 직전

돼지는 마지막으로 눈물을 참는다

돼지는 거울을 보고 또 보고 또 보다가
스스로의 머리를 망치로 내리친다

부서진 과녁 조각을 쥔 내가
유심히
그것을 들여다보며

― 나의 몸을 의심하는 놀이를 발명할 것이다

박살난
움직이는
포트레이트
무기가 되기에 충분한

과녁에서 윤이 난다

나는 이것을 향해 투신하지 않을 수도 있었다

꿈의 룰렛

 젊은 여자의 슬픔 앞에서 원판이 돌아가기 시작한다. 파이처럼 구역을 나누어 가진 원판이다.
 구역에는 이름이 붙어 있으나 믿을 만하지는 않다.

 원판을 어떻게 불러 세워야 할지 모르겠다. 날개 끝끼리 붙어버려 날지도 못하고 우스꽝스럽게 회전하는 매, 는 어떨까? 매가 멈추면 '지금이야' 말하는 사냥꾼이 등장한다. 매는 지금 요리당한다.

 요리사의 손가락이 가리키는 글자란 대개 이런 식이다.

 ☐ 머리 자르기 (안 아프고 예쁘게 나 썰어버린 다음 부모에게 칭찬받기)
 ☐ 비싼 거 먹기 (나 대신 피 흘리고 평화로워진 애들 음미하기)
 ☐ 교회 가기 (울면서 노래 부르고 화장실 다녀온 것 같은 상쾌감 느끼기)
 ☐ 아무나 만나서 자기 (서로 닳아 없어지라고 문질러주고 껄끄럽게 헤어지기)
 ☐ 미워하기 (나 같은 애들 떠올리며 누워 있기)
 ☐ 끌어안기 (나 같은 애들 불러서 냄새 참고 오냐오냐해주기)
 ☐ …

인기 있는 메뉴들. 나는 무엇에도 확신이 없었기에 제일 빨리 되는 것을 달라고 했다. 웨이터가 고개를 숙이고 사라졌다.

이것들과 다른 것을 원할 수도 있었다. 내게 더 부를 이름이 있었다면.

"실례합니다만……"

고개를 드니 사냥꾼, 요리사, 웨이터 일동이 빈 접시를 든 채 웃고 있다. 모두 똑같이 생겼군. 실례합니다만, 당신은 혹시 작가입니까? 저희는 작가의 팬으로서 이 자리에 모였습니다. 게임을 시작하기 전 한말씀 여쭈어도 되겠습니까? 나랑도 똑같이 생겼군.

젊은 여자의 슬픔이 무엇인지 물어도 나 같은 건 잘 대답해줄 수 없다. 잘 닦인 접시 위에는 부드럽고 모호한 물질만이 오를 뿐이다. 색과 모양이 선명하며 딱딱한 것은 올려놓으면 안 된다. 그런 것은 식용이 아니다. 그런 것은 장식에 불과하다.

그런 것은 마지막까지 남고야 만다. 입과 손과 몸이 지나가고 지나가고 지나가는 동안 장식은 가만히 멈추어 있다. '지금이야.'

나는 쓸쓸한 장식을 입에 넣고 부수고 감춘다.

목구멍이 너덜너덜 해어져도 기색을 바꾸지 않는다. 기필코 보이지 않는다. 장식은 내 일부가 될까? 흡수될까? 죽은 다음 파헤쳐질 때 최후로 남게 될까?

손바닥으로 입가를 꽉 누른다.

토를 막으려고?

웃음을 참으려고?

나는 매 발톱을 삼켰지만 병원에 가지 않는다. 내게는 문제가 없다. 매 발톱을 삼킨 젊은 남자나 중장년, 나와 사적으로 친밀했던, 부유하며 존경받는 인물들, 야생 족제비와 삵이 그러하듯이.

원판의 시선에서, 나는 젊은 여자라는 구역을 벗어나 있다. 나는 돌아가고 있다. 귀밑까지 내려오는 머리카락들. 내 멋진 장식들. 의사는 깃털이라고 진단할지도 모른다. 이것이 마지막까지 남아 내 신원을 확인해줄 것이다.

마지막으로 거울을 보고 있었다.

거울이 사진처럼 멈추어갔다.

부활절

마음을 모르겠어
달걀 껍질이 엎어져
질 질
내용을 흘리며 말한다
사람들의 마음을 모르겠어

달걀 껍질을 예쁘게 색칠하는 것이 나의 일이다

왜 웃는 거지
좋은 날이어서
모여 있어서
건강해서
아니면
내가 예뻐서

달걀 껍질의 속을 빼내는 것이 나의 일이다

상하고
끈적이며
냄새나는
병아리 안 되길 천만다행인
속을 본들
나는 아무 말 하지 않는다

중요하지 않으니까
이제

달걀은 공예품이고
식품이나 생명이 아니고

야유하는 이의 손에 쥐어져
남을 욕보일 리 없고

늘어선 수십 개의 말간 얼굴들이
읊는 옛날이야기는 조금 우스웠는데

뭐랄까
날달걀을 던진 사람과
그것을 맞는 사람이 나오고
둘 다 용서받고
영생을 약속당하는 패턴이

빼곡하고 정교하고 단아하게 이어졌다

성숙

나는 애새끼가 되지 못했다
애새끼 소리를 듣고 끝낼 긴 기회의 시간이 있었음에도 불구하고
생각 의자에 앉아 반복되는 지금 이 기분에 대해
생각하고 또 생각하느라
늙어버렸다

열심히 쫓아다닌 옆자리 애가
답례로
내 급소에 힘차게 박아넣은 플라스틱 공깃돌
단단하고
참 예쁘구나
살아서 어떤 빛을 누리더라도
나는 끝내
이것과 함께 묻히겠지

모욕감은 너무, 너무 나쁜 기분이니까
돌려줄 수조차 없다
몸이 말한다
나는 뼈저리게 이해하고 수긍한다

볕 좋은 날 인간으로 태어나 자연스러운 놀이로
태연하게

돌을 주고받고 번듯하게 웃는 어른들
일상적으로 영원한 애새끼들
나는 이글이글 내려다보고 있다
절대로 나 이걸
돌려주지 못할 것이다

6부
별

스페이스 오디티

전망대에 올라가 눈을 감아버리는 소년
내 세계를 이처럼
영롱하고 안쓰럽게 내려다보는 건 멋있지 않지

우주에는 우주에 대한 이야기가 이렇게 많은데
뭐하러 악필인 내가
떠는 체질인 내가
전등을 끄고 안구 뒤편에서 번쩍이는
헛것을 좇아
몸밖도 아닌 안을 바라보겠다고 했나
얼마간 후회했던 소년
바닥 없는 세계에 뛰어내린다면
떨어지지 않고 영영 뜬다는 게
놀라웠지만
다 그렇게 그러려니 살고 있는 여기란
바닥도 없는 세계였으니까

잡고 싶은 손은 죄다 멀리 있었고
어떻게든 팔을 뻗었으나
한 번을 마음대로 할 수 없었지
한 번을
눈 닿는 곳에서 춤추는 파장들은 참 아름다웠어
살아 있는 것 같았어

쳐다볼 뿐이었으나
이 광경을 좋아해서 계속 보고 싶은 내가
나에게 남남이었다
만일 내가 아닌 남남이었다면
내가 나의 밖이었다면, 날 안고 붙잡고 그러지 말라고 흔들기라도 했을 텐데
내가 내가 아니었다면……

단호한 야광
알고 보면 시시한 형광
진짜 같은 네온
그리고 이도 저도 아닌
글리터

전망대에서
미래를 조망하며
굳이 깡마른 소년
빛나는 것들을 보고 심호흡을 하지

꿈의 도형

별을 그리자고 말해보았더니
쿠키 틀에 찍은 듯 일괄적이고 말간 다각형들
우르르
나의 양반다리 위로 쏟아졌다

빛났다
뾰족하고 뜨거워
꼭 전구가 되살아온 것만 같다
내가 산산히 부숴버린

전구야
나를 기억하지 말았으면 좋겠어
어디선가 계속 둥글게 돌아갔으면 좋겠어

박살나면
거기서 끝난 게 아니다

거기서부터 다음으로 넘어가는 거다

별은 둥글고 텁텁하고 못생긴 땅덩어리
빛나지 않지
그게 중요해?

이 땅덩어리마저 부서진다는 진실
그게 중요해?

나는 그리고 만들고 전시하고
기다리는 사람
무엇을?

다음을

다각형들을
실에 매달아

천장에 달고
빙글 빙글
건드리면

쓸모없는 모빌이 당신 눈앞에 있다

얼핏 우주계처럼 불가사의해 보이나

사는 동안 잠시 날 달래줄 유희에 지나지 않는다

— 방주

— 그때는 고분고분했기 때문에
 시키는 대로 바닷물과 사람들 사이를 비집고 뛰어들어갔다. 듣던 것과는 다른, 진한 황토색 물이 움직이고 있었다.
 물이 황토색이네요? 내가 말한들 귀담아듣는 이 없었다. 먼 과거에 스스로에게 혹은 사람들에게 같은 질문을 해보았으나 소용없다는 사실을 일찍이 배운 이들이
 나를 거들떠보지 않고 파도를 탔다.
 처음 나는 물을 몇 번 먹어야만 했다. 그들이 모래 바닥에서 발을 구르며 뛰어오를 때 같이 뛰어야 한다는 사실을 알기까지는. 더 뛰어도 덜 뛰어도 안 된다. 빨리 뛰어도 늦게 뛰어도 안 된다. 뛰는 법이 몸에 익은 다음부터 어쩌면 고통만큼은 사라진 듯했으나
 어디로 가는 거예요? 나는 또 묻고야 말았다. 바닥이 발끝에서 점점 멀어지고 있었다. 나아가고 있는 것만은 확실했다. 그러나 어디로? 어디로 가는 거예요? 사람들이 나를 거북스럽게 바라봤다. 우리는 수영을 하러 온 거야. 앞을 봐. 저멀리서. 수평으로 헤엄치고 있는 선각자들을 봐. 저렇듯 멋지게 나아가고 싶지 않니? 빛을 내는 수평선과 하나된 듯이.
 멀리 있는 물은 푸른색 같아 보이기도 했다.
 저들은 저기 가닿을 거야. 이미 닿았을 거야. 중얼거리며 혈안이 된 사람들이 내 주변에 우글우글 있었다. 끝없이 수영할 수 있을 거라고 믿는 교인들이었다. 그쪽에선 어쩔 수

—

없이 나는 이들이 배로 변해야겠다고 생각했다.

　나는 배를 만들고 부모와 친구 좋아하는 개 고양이까지 싹 태워 출항시켰다. 그들이 찾는 것은 전부 바다에 있다. 나는 바다에 없다. 나는 느끼고 싶다. 발에 단단하게 닿는 흑색 바닥. 바닥이라면 내 무게를 질 수 있다. 언제까지나. 배에 든 것들을 하나도 잊지 않으며 여전히 사랑한다. 이토록 육중하게 나 여기에 있다. 있다. 여기에.

꿈의 상영

시청각실을 하나 가졌다
일부러 땅을 사서 건물을 짓고 스크린이나 의자를 놔두었다는 이야기는 아니다 그것은 바람과 물이 지형을 깎아 만든 골짜기에 다름없이
발생했다
긴 시간에 걸쳐

나는 종일 이 안에 들어가 있게 되었다
의지와 관계없이

영상은 예고 없이 송출된다
그때 나는 사람을 앞에 두고 밥알을 씹는 중이라든가 인파에 섞여 전철을 기다리는 중일 수 있지만
아무래도 좋다 그때마다
무언가 잊었던 것을 깨달은 사람처럼 깜짝 놀라 헉, 하고 눈물을 떨어뜨린다

같은 장면이 몇 번이고 반복되는데도
몇 번이면 몇 번이고

나는 울면서 당황해서
신경쓰지 마세요, 좋아서 그런 것이니
설명하지만

사람들은 구해주어야겠다고 생각하는지
닫힌 시청각실 문 앞에서
나오지 않는 것인가요? 나오지 못하는 것인가요?
두드리고 고함치고 애원하며 묻는다

걱정하지 마세요
제게 필요한 것은 전부 이 안에 있어요
이 안에만 있지요

이상하고 유해한 것을 보고 있지 않아요
나는
내 분명한 진실을 봅니다

재미있고 눈부신 내용이에요
내가 살아 있는 한 받는 안부 인사 같은 겁니다
받을 만하기 때문에
받아요……

언젠가
분수에 맞지 않는 미래를 받을 때
얼떨떨할 나 자신을 구하고자 이번에도
자연발생한 포클레인이 이 문을 부수고 들어오는 장면을

― 상상할 수 있지만 그때
　이곳에 나는 없을 것이다

　1. 그때쯤 나는 기록당하지 않은 과거처럼 사라졌을 것이다

　2. 그때쯤 나는 의지와 관계없이 갖게 된 다른 실내로 가 있을 것이다

　3. 그때쯤 나는 사람들 사이에 섞여 들어가 한때 정말로 좋아해서 몇 번이고 돌려 보던 영화에 대해 농담하거나
　그것의 훌륭한 점, 실은 그것이 얼마나 형편없었는지에 대해서조차
　울지 않고 말하고 있을 것이다

가오나시의 시

 가을에 다용도실 문을 열고 앉아 생각하였다. 그건 다 무엇이었을까? 그거라니, 정확히 말해야 한다. 얼버무리지 말고, 용기를 내서⋯⋯ 나는 그것의 이름을 끄집어낸다. 돌. 빛나는 돌. 귀금속. 팔면 돈이 되는 것. 돈으로 쥘 수 있는 것. 손으로 쥘 수 있는 것. 피부와 머리카락. 옷자락⋯⋯

 나는 옷을 벗어놓고, 피부와 머리카락과 얼굴도 벗어놓고 목욕탕에 들어갔네. 물속에서 쭈글쭈글해진 손을 보았네. 어떤 물도 잡을 수 없는 손.
 물속엔 나 같은 것이 많았으나 그것들은 나와 같은 것을 바라지는 않았지. 나는 그들과 같은 것을 바라지는 않았지.
 어떤 물도 내 것이 아닌 채 물속에 있는 기분, 나쁘지는 않았다.

 말이 많은 친구, 미안하다. 너의 진짜 이름을 끄집어낼 수가 없구나. 기억해낼 수가 없구나. 흔하게 못생겼으며 작은 관심 나눠주던 것, 알짱거리며 본보기 되어주던 것, 그것을 잠시 붙들어보려 했는데 흘러가더군. 흘러가더군. 몸안에서 밖으로, 들어왔을 때처럼 고스란히 나가버리더군⋯⋯

 그래도 내게는 손이 남았고, 가을이면 다용도실에 넣어둔 바구니를 꺼내고 만지며 말할 수는 있었던 것이다. 이건 다 무엇이었을까? 흘러가고 흘러가던 강을 따라, 선로를 따

— 라, 당도한 집에서, 물레를 따라 실을 따라 몇 개의 타래를 뭉쳐왔네. 길고 길던 길. 이것을 풀어서 꼬아서 엮어서 무엇이라도 만들어볼 수 있다면…… 나는 그것에 이름 붙일 텐데. 그것이라고는 부르지 않을 텐데.

거짓말

나는 오래 낙심한다
자기가 누구인지 모르는 물고기를 위해

투명 취급
아니면 특별한 취급을 받을 수 있지
유리로 된 물고기에게는 둘 다 쉬웠지만
어느 쪽도 진실은 아니지

사람에게 어려운 것
예를 들면
수치
상해서 냄새나는 마음
지나친 수준의 뜨겁고 차가운 말
유리 물고기는 아무렇지 않게 주워 삼켰어
자디잘게 분해시키는 과정
우리는 다 볼 수 있었는데

유리 물고기는 유리란 것을 몰라서
자신이 무엇으로 이루어졌는가 도대체 알 수가 없어서
괜찮아
맛있다
행복해
라고 말하네

눈을 동그랗게 뜨고
방금 근사한 선물을 받았다고
다정한 식사에 초대받았다가 오는 길이라고

물고기를 사들인 사람들이 낄낄거리며
이애의 겉을 봐
이애의 속을 봐
나쁜
더 나쁜 것을 던져주었다

웃음에 둘러싸여
잘하고 있다는
스스로 견고하다는

믿음

그 얄팍한 유리 조각을
나는 아무것도 묻지 않고 한번 만져보았다

맞닥뜨리기

추락하는 동안 웅크린다면
너는 돌
내 마당에 흉이 지겠네

이불을 가져와 겹겹이 깐다
마당이 다치지 않도록

지나가던 행려가 목격하고 말을 건다

당신은 돌을 사랑하는 게 틀림없습니다
정말이지
아름다워 감동하고 말았습니다

사랑?
나는 이불의 무늬를 본다
감동이 튀어나온다
감동을 급하게 덮는다
내 감동은 그런 게 아닙니다
내 것을 위하기에도 얇고 좁고
잘 찢어지는 것이지요
그럼에도 최선을 다해
펼치는

추락하는 동안 펼쳐진다면
너는 날개
내 마당에 올 일도 없을 텐데

이불 없이 누워서 무심히
찬 발을 쥐고

지금 나 웅크렸구나
깨닫는다면
그대로 떨어지는 기분이
나는 기분과
헷갈리며 시작될 텐데

이쪽으로 온다
점점 커진다
착지할 것인가
행려는 눈 뜨고 미확인비행물체를 응시하고 있다

7부
피

쓰레기 새

책에 새들이 너무 자주 나온다고 생각하는가?
그렇다면 쓰레기 새는 어떤가?

몸집이 큰 타조 같은 새가 당신 애인의 집 거실을 걸어다닌다. 주방을 걸어다닌다. 침실을 걸어다닌다.
아무거나 먹는 새.
아무거나 먹어도 끄떡없는 새.
당신 애인은 자신에게 불필요한 것을 모아 새를 먹인다. 언제나 어느 때나 풍족한 새.
주인이 가난할지언정 결코 굶지 않는 새.

새는 다방면으로 연구되나 새에게 그것은 어떠한 의미를 갖지 못한다.
자신이 '쓰레기 새'라 불리워진다 한들. 일각에서 '환경 미화 새'라 부르기 운동을 시작한다 한들.
유해종으로 지정되어도. 정의로운 세대의 관심을 받아도.
새는 내장에 오직 쓰레기만을 채워넣고 평온히 있다.
쾌적하고 사랑스러운 당신 애인과 함께.

새는 분리수거도 되지 않으며 영혼처럼 당신 애인의 곁을 떠돌 뿐이다.

당신은 언젠가 저 새에게 잡아먹히게 된다.

그러나 겁낼 것 없다. 기다리면 언젠가

삶을 다한 당신 애인도 새의 뱃속으로 미끄러져 들어오리니.

쓰레기 새는 최후의 환경 미화를 위하여 오늘도 당신 애인의 집 거실에서, 주방에서, 침실에서

주인의 생애를 묵묵히 감찰할 뿐.

새의 뱃속이라는 세상에서
한때의 쓰레기들은
왜 늙지도 썩지도 않는 것인가?
세계의 구성품으로
보편으로
전부를 향해 늘어가는가?

쾌적하고 사랑스러운 당신 애인은 당신 몰래 등 돌리고 여러 번 운다. 이불을 뒤집어쓰고.

그는 총명한 사람. 쓰레기와 쓰레기 아닌 것을 명확히 구분하는 사람.

무섭도록 총명하기에 인간이 고깃덩이임을 알며
큰 칼로 스스로를 잘라
단면을 살피고
상한 부분을 버리는 사람.

― 결단코
　사랑하는 이에게 주지 않는 사람.

　정녕 쓰레기 새는 사랑일 수 없는가?
　정녕
　먹이를 먹는 도구인가?
　악당인가? 불우한 가족인가?
　정할 수 있겠는가?

　몸집이 큰 타조 같은 새가 당신의 집 거실을 걸어다니는데.

못난 쓰레기

 그러니까 난 한 번도, 질린 적이 없었다네 누구에게인지는 모르겠고, 무엇에 대해서인지는
 알 수 없으나

 이제 내게 말할 권한이 넘어왔다 나는 남겨졌으니까, 내 앞의 의자
 누구든 앉을 수 있고 누구든 기를 쓰고 앉히려 했던 의자를 부숴버렸으니, 대화는 거기서부터 끊어질 수밖에 아니, 오래전부터 그건 대화가 아니었어 나는 말하지 않는 공원이었지 보기 썩 괜찮은 풀밭 같은 거, 진드기가 득실거리는……

 맹세컨대 나는 누구에게 닿은 적 없다 털끝 하나도, 나는 알아 네가 아무리 닿았다고 우겨도, 우리가 닿았으니까 울고 화를 낸 것이라고 설명해도 나는 알 수가 있다 나는, 오래 그려왔거든 닿는 순간을 내 잔디는, 끝까지 팽팽하게 다 보고 있었고 시체처럼 숨을 참는 미모사였고, 너는 알 수 없다 그 감각 너는 아이가 어른을 속일 수 있다 믿는 마음으로 툭 툭 돌멩이를 던져 넣으며…… 이건 나야, 이것도 나야, 앗, 내가 네 잎에 찔렸어, 너는 못된 풀이야, 무례한 풀이야, 입이 트인 아이처럼 말을 시작했었다 억지를 뭉쳐 만든 그 말들을

— 너는 믿는 것 같아서……

불쌍하다
불쌍하다고 말하고 치우려 했으나 여태 하지 못했다
앞에 널브러진 의자 조각들

매일 새벽, 나는 침착하게 인간이 되어 등장해왔다 인간으로서 망가진 쓰레기를 치우고 인간적으로 길을 깨끗하게 정돈하고 인간답게 공원에 들어가 돌멩이를 건져내는 생활을 부지하다 다리에 진드기 같은 것이 붙을 땐 가려워…… 벌컥 성을 부리며

풀
풀이 자라 나무가 되고
나무가 자라 의자가 되고
의자가 자라면
쓰레기
쓰레기가 되겠네

불쌍하다
어디에도 못 써먹을……

연인을 써먹으려고 만드는 사람들

—

어디에든 써먹으려고
커튼 봉 달 때 헌 코트를 내다팔 때
생선을 굽는 데도 써먹고 하기 싫은 숙제에도 써먹지
도저히 잔디를 깎거나 돌을 주울 수 없을 것 같은 날에는
이럴 때 연인을 써먹어야 한다며
창고형 아웃렛에 가 싸고 커다란 연인들을 둘러보기도 했
는데 비위가 상해서
이렇게 연인을 구하는 것이라면 나는 어떤 괴짜도 구하지
않을 법한 물건이 되겠다며
되레 그것이 자랑스럽다 떠들면서 집에 돌아와
가장 쓸모없는 일부분을 만지며
울었다
뜨개 인형들
못난 쓰레기
어디에도 써먹지 못하고
어린아이들은 날 좋아하네
어린아이들만이 나를 좋아하네
뜨개질은 참 이상하다
길고 어렵고
실수를 안 할 수 없네
실수해도 돌아가서 고칠 용기가 없네
연인이 있다면
내 못난 쓰레기를 당신의 어깨와 목과 정수리에 얹어드

리겠어요
　아이를 낳는다면
　내 못난 쓰레기로 재롱과 기예와 기쁨을 보여드리겠어요
　아이는 박수 치고 웃다가 눈 깜짝할 사이
　난 못난 쓰레기를 보며 자랐어
　그게 좋았어
　라고 말하는 어른이 되려나
　내 시를 읽으며 울기도 할까
　그애의 눈물을 세상에 돌려드리겠어요
　어디에 써먹을 수 있을 것인가
　누군가는 궁리하고 말겠으나

정말 질린다
그렇게 말했네 너
돌을 던지다 성이 나서 가버렸고
나 비로소 지긋지긋한 정물이었던 공원에서 벗어나
말하기 시작한다
입 트인 아이처럼
기어가기 시작한다

추모 공원

지나치게 이른 나이에 다 알아버린 화가야
무엇을 그리고 싶었나요

다 먹었다면 식당을 나가야 하는 것처럼
진실로 다 알았다면 죽어야 할 텐데

꾸역꾸역 먹는 이유를 알고
아무데서나 토하는 원리를 알고
자고 일어나면 다시 배를 채우러 문밖을 나서야만 하는
세계의 태엽을 이해했다고는 말하지 말아요

당신이 문 같은 걸 그릴 때
점점 잘 그리게 될 때 나는 불안했어요

당신의 태연하고 무심한 손짓이
동물에게서 뽑은 붓과 식물에게서 뽑은 염료 광물에게서 뽑은 칼이
한 빛으로 사람의 눈을 멀게 할 적에

지나치게 실재했던
꿈도 없이 묘사된 문 앞에서
보지 못하고 두려워했어요
어느 순간 이것이 열린다면

— 다음으로 갈 수 있다면

욕망
알지 못하고
알 수 없을 것에 대해

소원
아는 것
너무 알아서 사무치는 것에 대해

나는 어떻게 당기거나 밀면 좋았을까요
꽉 잡고 서 있으면 견디려는 자세로 보였을까요

진실로 그리고 싶었던 것이 문이었다고는 말하지 말아요
바깥에서 도저히 열 수 없는
이 늙고 재미없는 문을 이렇게까지 탐구했다고는

당신이 안에서 잠그고 도망친 식당은 철거되었고
빈터들은 다 늦게 화해하려는 듯
풀을 키워요
아무것도 이해하지 않는 풀

—

전문가의 사랑

1

몹시 하얗고 고운 약

의사가 마침내 나쁜 기억을 잊어버릴 수 있는 약을 구해 왔다 유능하지는 않지만 좋은 의사다
그러나 유능하지는 않기 때문에
내게 본인과 약을 나눠 먹을 것을 제안했다

나도 똑똑하지 않기 때문에 승낙했다
대부분의 경우 나는 똑똑하지 못했다

종이 접시를 찢어 그 위에 올린 가루약을 반씩 나누고 흔들어 모으고 삼키고 물을 마시고 눈을 감았다

자는 것처럼 편안하게

의사는
날 위한 기도를 읊어주었다

일어난 후의 내가 상상할 수 없는 내용이었다 그것은 발각당할 리 없던 마음의 금고를 꿰뚫은 후 사라졌다

함부로 열어젖혀져 덜렁거리는 금고 문 앞에서, 중요한 것을 빼앗긴 나는 홀로
사라지지 못하고 눈을 뜬다

　나쁜 기억……중요한 것……내게 모든 것……기억은 아주 나쁜……나의 전부

　다 잃었다

　감사할까
그렇게는 안 된다

2

모래를 잃은 모래시계는 시계가 아냐
옷을 전부 빼앗긴 인간은 수치스러워
숨이 통하지 않는 리코더로는 무엇을 할 수 있지
이 빈 속을 보세요, 구멍이 얼마나 났는지 보세요
구경거리 장난감으로 내어놓아야지

너 분명 나쁘다
내 금고를 털었다!

원래 가진 것이 무엇이었는지조차 알 수 없게 조치한 치밀한 강도 놈아

영영 떨어져 있어도 괴롭히는 인간에게
찾아가겠다는 결심을 하고 전화를 걸어 소동을 벌이는 상상을
해보았다
후회와 반성도 잊지 않았다

나의 깨끗한 머릿속에 사는 의사
당신은 모든 것을 잊은 듯 곤란해하고

웃는다

자신이 옳다고 믿으며 살아가며 사랑하며 존경받을 어른!

내가 망가뜨릴 수 없는 미소를 벽에 걸고 회벽과 유리벽과 나무 벽 뒤에서 혼자만의 다정함으로
흰
보호를 받는 전문가!

그에 관해서라면
잊은 것이 없고 처음부터 안 것이 없다고 말한다 그는 끝

까지 차트를 보여주지 않았다 그리고 약을 먹었다 나에 대하여 적은 말을 알아도 모르고 몰라도 모르는 사람으로 남았다
  나는 그가 그때 끔찍한 욕을 적어버려서 오늘 같은 날에도 내용을 생생히 떠올리면서 자기를 괴롭히는 것은 아닐까 슬퍼하다가
  욕을 썼을까
  썼겠지
  썼다고
  무조건
  썼어
  미친 새끼네……
  괴롭히기 시작한다

아무것도 모르는 주제에

3

  그와 헤어진 후 나는 리코더를 삑삑 분다, 곤죽이 된 기억 반죽으로 유난하게 흰 표정을 빚어 얼굴에 붙여보았다 어디가 꿰뚫려도 아프지 않고 고쳐지지도 않는 표정
  어떤 이들은 나쁜 말을 빚어서 눈덩이처럼 와왁 던졌다 고

작 눈덩이처럼, 웃음이 나서

  얼굴이 푹 패여도 흐늘흐늘 무너져내려도 걱정 없었다 그런 건 불행 축에도 못 꼈다

쉬운 시

미인의 애인은 희극인이고,
시인의 애인은
되와 돼를 구분하지 않는 사람

너는 내가 정성 들여 구운 파이를 칼로 난도질해
레터링을 읽지 않고 입에 욱여넣는 사람

하지 마
내가 소리지르면
벌써 이마를 바닥에 대고 있는 사람
사과가 그렇게 쉽고
전쟁이 어려운 사람

스웨터의 복잡한 무늬를 못 읽는 사람
실을 가져본 적 없어서
뭔가를 지어낼 줄 모르고
엉킬 줄도 모르고
내가 고풍스럽게 짓는 위악을 두서없이 뒤집어쓰고
즐거워하는 사람

오늘은 널 때려주겠어
딱딱한 손을 치켜들었을 때
얼떨결에 뺨을 돌려 대는

뭣도 모르면서, 성서의 구절을 흉내내기 쉬운
무신론자
둔하고 튼튼한 몸집을 가진

머리를 한번 흔들고 시원하게 웃고 마는 너를
예뻐한다
도대체 울지 않아서

보이는 것보다
안 보이는 게 씩씩해서

오토바이 같은 걸 타고
사고를 내고
다음날 또 오토바이를 타는 너 같은 인간은

나를 뒤에 태우고
먼길을 너무도 쉽게 가로질러 다녔다

어느새 나는 떠나버리고 말았네
지금 여기
나도 쉬운 시를 쓰겠다는 결심이 설 만큼
온통 쉬운 것투성이인 너의 나라로

멀고 먼 곳으로
혼자서는 집에 갈 엄두도 나지 않을 곳으로

현지인처럼
단조롭고 부드러워진 몸짓에 이르러

나는
네가 싫다고
느지막이 써본 적 있었다

부적

당신, 슬픈 사람이네
손에 든 도마뱀 꼬리를 누군가 알아봐주었다

한때 이 꼬리의 주인을 매섭게 원망했지
나는 속았다거나
버려졌다는 느낌을 참지 못해
화난 사람으로도 보였지

밖에 나가면 바닥 쪽으로 얼굴을 박고 돌아다녔다
다시 잡고 말 거야
곡 찾아낼 거야 찾아서
심문하고

난폭하게 비틀어댄다 해도 이 꼬리가 다시 살아나는 일은 없겠지

꿈틀거렸던 표정 심장 혓바닥을 꼭 쥐고
꿈틀거렸던 걸 기억할수록
이상하게도
산 것을 쫓고 싶지 않았다
죽은 것들 앞에서는 마음이 편했다

마침내

―　내가 나한테 편해졌을 때
　　모두 내가 죽었다고 생각했을 때

　　나는 새삼스럽게 고개를 들어
　　둘러보았다
　　도마뱀 도마뱀
　　태연히 지속되는 건물과 사람 안에서
　　보이는 얼굴들은 조금도 도마뱀이 아니었다
　　누구도 아무도 더이상

　　도마뱀일 수는 없겠지
　　그런 세상에 살고 있었지

　　그애는 일생에 단 한 번 겪는 비극을 내게 주고 갔다
　　내 비극이 아니라
　　그애의 비극이었다

　　손아귀에 힘을 빼도 이것만큼은 도망가지 않는다
　　비극은 내가 편하다고 했고
　　내 귀에 대고 주인의 안부를 전하고
　　믿게 해주었다
　　곁에 남아주었다
　　그리하여 나

―

슬프지 않았다
슬플 리 없었다

― **산책자의 시**

― 세탁기에 빨래가 얻어맞는 소리

들으며

나는 즐거워해

마침내 섬이니

일하지 않는 자

먹을 수도 마실 수도 없는

땅에 파도가 치는 소리

땅이 돌아가는 소리

지구가 자전하는 만큼은

어른이 되었지

머릿결에 밴 모래바람을 아는 사람은 저 혼자뿐이어야 한다는 사실도

―

아는 사람이 되었지

미안했어요

자꾸 고백해서

당신을 함부로 쓰다듬어서

까끄랍다 말하며

알려주었다고 생각해서

당신 잇새에 낀 선인장을 배우겠다고 덤벼들어서

나는 자박자박

가장자리로 넘어진 물거품을 훔치며

무어라도 쓸 만한 것이 발바닥을 찔러주길

기다리고 있어

8부
밤

파수꾼의 시

옛날 얘기일 수 있는데
말하자면
맨홀 안에 무엇이 사는지 난 알았다

거기선 나비 사체가 날아
그리고 어떤 여자 귀신이 목욕을 해

욕조에서 나는 구멍 장인입니다
거품 물에 손을 넣고 흔들면
불어나는 거품
불어나는 구멍
물 위에 쌓이는 구멍
나는 구멍으로 작품을 빚고 건축도 합니다
나를 덮어서 안 보이게 할 수도 있답니다

당신은 살아 있는 구멍과 죽은 구멍을 구별합니까?
그렇다면 당신은 구멍에게 잡아먹힌 적이 있는 모양입니다 목숨을 걸고 싸워봤거나……

나는 나무 밑에 쭈그려앉아 구멍 너머 내가 본 광경에 대해 생각하고 또 생각한다
사각사각

송충이가 머리 위에서

입을 오므리며 나뭇잎에 구멍을 내네
구멍이 머물렀던 자리에 구멍이 또 생기네

내가 나를 갉아먹는 나에게 걸려들어 있었을 때
나를 죽이는 나를 죽여버렸어야 했는데……
그리하여 누가 살아남을 수 있었을까
벌레인가 잎사귀인가
둘 중 무엇이 나였으려나

마지막엔
기어코
더이상 가면 안 된다고 손잡아주는 어른이 되어야 했네
내게 그런 어른이 필요했기에

나는 나무 밑에 쭈그려앉아 있는 아이의 운동화 끈을 묶어준다
나비 모양

날지 못하지만
달릴 수 있게

─ 자 지금이라도 일어서
  엉덩이를 털고 돌아가라
  맨홀 근처에만 가도 손을 잡아끄는 부모에게
  수챗구멍의 냄새를, 살냄새나 비누 냄새와 헷갈리지 않는 친구들에게
  그리고

  나는 이곳에 남는다
  잎맥만 남은 구멍투성이
  가짜 잎사귀의 손을 꼭 붙드는 나무
  큰 나무
  그늘도 당연히 크지만

  그것은 때때로 하나뿐인 은신처가 되어주었다

─

외계인의 시

이상한 말을 많이 했는데 왜 함께 있어주었나

혼자 남게 되자 난 무릎을 안고
소리 내어 물어보았다
누구라도 있을 때는 부끄러워서 묻지 못했다

이 질문이 헛되지 않으려면 나라도 대답해야 하나

여기 혼잣말을 잘하는 사람이 있습니다
아무것도 모르는 얼간이입니다
그렇기에 아무것에나 아무 말을 막 갖다붙인다 합니다
친구나
애인이라고 불리지 않게 조심하십시오

파프리카는 어색한 여름의 이름
커튼 주름은
매력 없고 친숙한 연상의 여인
너는
자신의 비밀번호가 지구에서 잊히길 바라는
책 모형의 금고

옛날에
가짜 책을 사서 책장에 꽂아두었어요

一   글이라고는 한 줄도 적히지 않은 얄팍한 속임수였는데
　　시간이 지나자 나는 읽을 수 있었습니다 한 장 두 장……
글씨가 나타나는 그것은 평생 사용하고도 남을 만큼의 넉
넉한 침구였지요
　　거기에 싸여 잠들고 울고 해저로 가라앉던 날들이 두터워
질수록 얼마나 안락했는지 모릅니다
　　바다거북, 영원하고 튼튼한 이해
　　빤히 들여다보이는 말미잘, 잘 보이고 싶은 마음……
　　나 많은 것을 보았습니다 이제 모든 것이 봉쇄된 채 남았
습니다만

　　기억하고
　　기억을 기억하고
　　기억을 기억한 기억을 기억하고
　　기억이 견고해져서 책 없이도 책을 읽고 사람 없이도 대
답을 듣는 날

　　수천 개의 이름으로 난 기억을 부릅니다
　　혼자 아는 의미를 모아 벽을 만들고 방을 짓고
　　날 넣고 문을 닫아놓았으니
　　거긴 알맞은 일인실이었으나
　　나는 매년 기다렸다고 중얼거렸어요
　　스르륵 뭉뚱그려지는 마음에 압정처럼 초를 꽂아 버티면서
一

하나 둘 셋 넷……

나는 매년
환해가는 케이크
많고 긴 초가 비추는 것은 이렇게까지나 내 것들뿐

나 문드러졌어
보여주고 싶다……

석별 2

이후 모든 것을 놓아주었다
깨질까봐 꿈에서도 떨던 어항을 데리고
저수지에 가서
쏟아주었다

펄펄 끓는 물이 빙판에 부딪히자
부드럽게
가슴에 구멍이 뚫렸다

구멍으로 물고기가 빠져나가며
안녕
고마웠어
잘살게

가슴속의 얼음을 천천히 녹여 먹는 기분도
나쁘진 않았지
달고 시리고 사치스럽게 축나는 마음이
내 마음이어서
좋았는지도

나쁜 이야기는 어차피 사라져버린다
날 일그러뜨리며 울게 하는 건 좋은 이야기다

고마웠어
나 녹을게

스프링

너의 두 발에 집중해
바닥을 느껴
그다음
바닥을 밀어내
너와 긴밀하게 붙어 있는 지금 바로
이것을

이 바닥을
온몸으로 거부하면서 나는 튀어올랐다
잠깐이나마
바닥에 속하지 않을 수 있게

열기구처럼
공중에
펼친
나
를

바닥은 다시금 우악스럽게 잡아당긴다

나는 조금 구겨졌다가
생각한다
이것이 나를 퍽 좋아하는구나

그런 생각으로 춤추고 뛰고 쓰러진다면 즐겁지
멍이 들면
자랑이지

지난봄엔 멍이 많이 든 것 같은 무늬의 개구리를 주웠다
운이 좋았지
이 도시에서 개구리를 만나다니

이래 봬도 독개구리라는 것을 한눈에 안다
마음을 어찌할 수 없기 때문에
알면서도 만진다
손안에서
개구리가 나를 걷어차고

나는 그의 작고 유해한 발바닥을 느낀다
사랑하는 동안

잡고 있었다

눈이 퉁퉁 붓더라도
부딪치고 기를 쓰고 아파하면서

— 점프

이윽고
광활한
바닥이 나를 부서져라 안을 때

나는 보게 되어 있었다
잔디가 색을 바꾸는구나
연한 갈색
노르스름하고
푸르스름한 색

얼룩덜룩
멍투성이 지구를 잠시 이해하려던 시절이 지나갔다

총기실

활짝 열어놓은

주인을 기다리는
값비싼 총, 전문가용 총, 길고 어려운 총이 늘어선

총기실의 주인은 나일지언정
총기의 주인은 내가 아니야

하루에 한 번 닦는 이것들
실은 누구나 쥐어볼 수 있는데
아무도
여기까지 들어오려 하지 않는

귀신의 집

내가 잃을 건 하나
이 집
잃을 게 없는 무서운 사람도 아니고
사람조차 아니고

단지 총기를 쥐여주려다 사고를 당한
사람이었던 것뿐인
내게

소중한 집에 아무도 오지 않게 되었네
총기들은 영원히 쓸쓸하려나

하루 일과처럼 총들을 아끼며 숙려한다

담력이 있고 선한 사람에게 맡겨야 하는데

과거 내가 그러하였듯
새와 토끼를 쏘지 않고

새와 토끼를 몰래 쏘면서
쏘지 않는다 거짓 증언하지 않고

다가온 어리숙한 것들을 가지고 놀며 내겐 믿는 구석이
한 방이 있다, 스스로 위안하지 않고

총, 이라는 것에 대해
총, 어떻게 써야 할까
고민하는 데에 가진 시간을 다 쓰며

이 집에
총과 머무는 사람

제대로 총을 좋아하는 사람

당신이 그렇다면
드나든다면
동네 주민들은 긴장을 풀고
소문을 잊고
집을 총기실로만 바라보며

당신을 관리인이라 부를 텐데
좀 이상한 관리인

사냥하지 않고 장사하지 않는

수더분한 관리인에게 나는 모든 총을 줄 것이라네
주고 싶어 안달난 성정은
날 죽이고도
살아서 이어져 내려오게

내가 잃을 건 하나
보이지 않는 무엇이 사는 집
집의 열쇠를 줼

— 당신
그 무엇의 대를 이어주기만 하면 돼

꿈의 경계

커튼을 좋아한다

자기가 벽인 줄 아는 이 커튼은 내가 골랐다
옆의 벽들과 손을 잡고 서서 벽을 바라보며 자기가
우아하고 부드럽고
세련된 벽이라고 믿고 있는 커튼을

나는 좋아하니까 그렇게 둔다
그렇게 살아
그러고 있어

마주한 벽면에 흐르는 영화들이
참 많았더랬다 빛나고 숱하고 지켜왔고
벽을 스크린으로 사용할 수 있다는 사실이 좋았던
나의 어깨너머로, 커튼은
서사 장르와 인물의 감정을 학습하였다
그다지 벽다운 일은 아니었다 그렇다고 커튼다운 일도 못
됐다, 커튼은
자신의 것과 남의 것 중 무엇도 표현하기 어려워했으나
있어주었다 무기력하게
주인의 취향을 따라

그런 커튼이 좋아서 창을 열지 않았다

만일 스스로 펄럭임을 눈치챘다면
자신이 움직이고 있으며 그 방향조차 정할 수 없음을
알게 된다면
괴로워할 것이 뻔했으니까

    내 방은 네 개의 벽으로 잘 짜여 있고 네 개의 벽은
          나를 안고 있고 그 가운데
       좋아하는 청회색의 커튼이 있다
            함께 있다

    문제적이다

문제가 있다
해가 뜨기 전에 아름다운 세상을 보고
석양이 지기 전에 울며 넘어지다가
자정이 되기 전에 격분하고 저주하는 것은,

사람들?
간절한 사람들?

       사람이 아닌 것은 시간을 모르지
      시간을 읽는 것은 자기 자신을 아는 것

세계가 밝아지고 어두워지는 것은 선택
세계를 읽는 이가 고를 수 있는 것

창을 열어젖히는 상상 속에서
커튼은 언제고 난폭해져 있다
벽이라고 불러주지 않으면 다 끝내버리겠다고
간절히 구겨지고 흔들리며 피어오른다

내게 그렇게까지 간절할 리 없는 무엇을 위하여
나는 그래그래
너의 말이 맞아 엎드리고 선의가 수모로 바뀔수록
 선의를 다그친다 선의야! 정신 차려! 너는 선의다 그리고 저건 벽이다
그렇다고 인정하자 우리 인정해보자
선의의 뺨을

깊어가는 암실에서,

영사기는 가짜 태양으로 오래오래 우리 벽을 명중했다
선의는 늘 웃었고
나도 웃고 싶었다

가끔 나는 커튼을 비웃고 싶었다 초라하고 멍청하고 번지

— 르르한 이 커튼을
　내가 골랐다는 것이 수치스러웠다 그러나
　나는 커튼을 좋아한다 커튼만이 이 작고 좁고 냄새나는 방
에서 내가 선택한
　유일한 물건이었다 눈을 뜨면, 바깥의 사실 대신에
　고유하고 위태로운 천의 광택을 본다
　푸른색도 회색도 아닌
　이것은 진실일 터이니 나
　거짓말처럼 이곳을 사랑해야만 하고
　사랑하고 있다
　어렵기만 한 일은 아니었다고
　닫힌 사람 낙오된 사람
　더는 나오지 않는 사람이 되어
　웃을 수 있었다
　미련하게
　각이 서고 납작한 이
　프레임 속에서
　흘러간다
　범람한다
　창밖으로도
　언젠가 당신이 보기에
　비로소 사람스럽다

—

꿈의 대화

우리 왜 얼굴이 닮아갈까 늙으며 나는 물었다
우툴두툴한 벽지에게
돌아누우면 언제나 거기 있는, 언제나
우리라 불러도 좋은

벽지만이 곁인
이부자리를 믿어도 좋았을까

낡았다 말하기에 창창한 이불을 덮고 있지만
이보다 더 낡은 이불을 난 가져본 적 없네

한때 우리였다는 말은 얼마나 낡은 표현이니
우리라는 말 또한
우리에게 얼마나 낡았니

별것이 다 부끄러워 혼자 잔다
예를 들면 이불이 촌스러운 거
한때 우리에게 참 새 이불이었는데

나 아직 새사람이 되지 못했고
가끔은 헌 시를 써
옛날에 유행했을 것 같은
시를 처음 쓰는 사람이 쓸 것 같은

― 시를 겁도 없이 써
  옛날이 그리워서
  그립다는 말도 막 쓴다
  그리고
  행복해
  불행히도

―

기어코 난

화가가 되지 못했네 수의사도 되지 못했고 연극배우도 부유한 젊은 사업가도 되지 못했다 사랑해서 절절 울었던 고양이의 주인도 되지 못했고 채식주의자도 웃긴 사람도 아빠를 따라 대통령을 욕하는 사람도 될 수 없었지

당신은 무엇도 아닌 나를 정성껏 매만져 책상도 없는 방 천장에 붙여두었다 자기 전까지 눈 뜨고 볼 수 있는 야광 스티커였다 그건 내가 바라는 모습이 아니었지만 한번씩 상상해본 신의 자세를 흉내내어 팔을 벌리고 말하기도 했다 나의 사랑 내 어여쁜 자야 일어나서 함께 가자—* 아무 말이나 해도 당신은 그걸 다 받아 적고 외우고 기억했다 즐거워했다 그럴수록 나는 매일 조금씩 더 커졌다

끝내 방이 좁고 힘겨워져 더 견딜 수 없겠다고 판단했을 때 천장에서 내려와 문밖으로 걸어나가니 세상은 한 번도 본 적 없는 우주처럼 컸다 그리고 미친 것처럼 밝았다 어둠은 없었고 나는 두 번 다시 빛나지 않았다

* 아가서 2장 10절.

9부
꿈

어린 사랑의 시

일단 망설여
그러지 않고는 지나갈 수 없는 숲이야

숲이라고 불러도 좋은 숲일까
(민들레 줄기 아래 버섯 도토리 산양과 면양을 쫓는 너구리 뱀 고라니 느긋한 멧돼지 곤줄박이 잘 모르는 비죽새 그런)

설명은 한없이 길어질 수 있다
그런 게 밤이고 구름이고
숲 해설가들의 습성이니까
멈추지 못하면서 한마디도 고를 수 없게 되는 것
엽서 앞에서 촉이 짧은 만년필을 들고
어떻게 두드려야 할까
굳어가는 것

토끼
부드러우며 갑작스럽게

제비꽃
작고 또렷하게

그림을 그렸다

당신이 눈치챌까?
나는 몰래가 되고 싶었다
아니다
깜짝이 되고 싶었다

우리는 근사한 미술관을 많이 알았다
두 팔로 안을 수 없는 꽃다발을 나눠 가졌다
그러나

고작 엽서 한 장으로

나는 절망 비슷하게 수줍었다
숲이 처음인 것처럼
하지만 정말로 처음이었다

그림은 그림으로 굳어가는데
그림 밖에서 부스럭거리는 어린애처럼

도마뱀
어떻게 되어도 상관없다는 듯 마구

빛이 잎사귀 틈을 헤집는다
숲은 진동한다

― 사실은 가만히 있고 싶다
숨어 있기로 했잖아요
불시에 튀어오를 거라고 했는데요
그런 곤충과 짐승을 함께 안고서
누구의 편도 들지 못하고

어쩌지 못하고 숲인
숲이 아니어도 좋을

종이
그토록 울창해질 때
나를 조금 꺾어서
도려내어 만드는

깨끗한 엽서
그랬었다
이제 여기서 나는 최대한 쉽다
쉬운 사람이라는 것이 무섭지 않다
시인도 평론가도 고급 독자도 아닌 내 사랑을 위해
사랑을 사랑이라고만 부르며

오해 없이
간단하게
―

숲으로 들어가는 편을 택한다
무섭지 않다

토끼를 닮은 구름이
머리 주변에서 작게, 노크를 하고

첫

밤이 들어온다
안녕

간지러워하며 당신이 웃는다

큰일났어
어떻게 해도 지나갈 수 없는 숲이야

꿈동산

1

직사각형 숲 안에 글자가 모여 있었다
이리 와 어서 와
나의 친구 나의 엄마
나의 창조주

글자들끼리는 사이가 좋았다
손을 잡고 몸을 맞추며 말했다
이곳은 무해합니다
테러와 전쟁과 천재지변이 없습니다
나의 말이 아니라
글자가 자기들 멋대로 사랑해서 만든 말이었다

무
해

그들이 엮는 말들은 내 피부로는 도무지
느껴지지 않았다 내 피부에 어딘가 큰 문제가 있는 것이
분명했으며

이것이 알려진다면 경우에 따라
피부를 벗겨내는 치료도 각오해야 할 듯했다

2

신들끼리 모이면 나는 주로 못돼처먹은 편이었는데
그건 아무래도
글자들을 쓰다듬어
희망하는 건강한 아름다운-과 짝을 만들어주어도 모자랄 판에
못돼처먹은
이라는 말을 남겨두고 숲 바깥으로 달아나버렸기 때문이었다

애들아, 못돼처먹은을 사랑해줘
못돼처먹은은 변하지 않을 거다
나는 이 아이를 너희와 함께 둘 거야

무해함을 위하여
글자들이 손잡는다

이곳에는 테러와 전쟁과 천재지변이 없습니다
그리고 못돼처먹은
그 어떤 것도

나는 무능한 신으로서 위스키를 조금씩 마시며
숲속 어딘가에서 연기가 치솟는 정경을 바라보았다

3

긴 세월 동안 여러 번 하늘 색이 바뀌었을 테고
때때로의 검은 구름만큼은 여전한

저 숲에 이제는 가지 않는다

그렇지만
소싯적 믿었던 희망과 건강과 아름다움은 여전히
저 안에서 살고 있다

나
많은 나뭇가지를 안아봤고
그러다가 꺾기도 했을 것이고

나는 나무에 있는 가시들이 살 속으로 파고들어가
몸 곳곳에서 만나 번식을 하고 세상을 꾸리고
나를 친구, 엄마, 창조주라 부르는 일을

내 피부 안쪽을 여지껏
곱고 고요하게
전쟁터로 일구는 사실을
말하지 않는다

숲을 위해서다

4

이따금 글자들의 마음을 헤아리고 싶다
그들이 말하려던 것이 무엇이었는지를
알고 싶어서
종이에 나열하고 고민한다

못돼처먹은 친구
못돼처먹은 선생
못돼처먹은 감수성
못돼처먹은 과거의 사랑
못돼처먹은 무
못돼처먹은 해
못돼처먹은 기생충
죽지 말고 살았으면

― 너희들의 왕국에서 영원히
못돼처먹은 시인들
못돼처먹은 시인
못돼처먹은 시
못돼처먹은 신

나를 위해서다

낙원 없이

　시 「꿈동산」의 원래 제목은 「실 낙 원」이었습니다. 저는 『꿈동산』이라는 시집을 내고 싶어서 「실 낙 원」의 이름을 「꿈동산」으로 바꾸었습니다. 이 시는 오랜 시간 책 한 권에 준하는 세계를 엮는 꼬챙이 역할을 해왔습니다. 그러나 그렇게 완성된 책은 꿈동산이라는 제목을 가질 것이 못 되었습니다.
　「꿈동산」은 화가 나서 대들었습니다. 못돼처먹은 시인 녀석아, 나 이제부터 당신 이름을 외계인이라고 바꿔놓고 세계 밖으로 추방할 것이다.
　제 시가 아는 세계라고 해봤자 기껏해야 지구 정도라 저는 털레털레 외계인이란 이름을 들고 우주정류장에 가서 앉는 수밖에 없었습니다. 거기에서는 저처럼 쫓겨나 먼지 또는 쓰레기라고 불리게 된 형체와 정서들이 잘 보였습니다. 대부분 과거의 제가 사정없이 재단해버린 것들입니다만……
　많은 별들, 자유로워 보입니다. 실은 꽤 단단하고 구불구불한 꼬챙이에 꿰여 정해진 길만 돌고 있음을 압니다.
　반갑게도 가장 사랑했던 쓰레기가 보입니다. 그는 따뜻하고 신비로운 행성으로 잘 자랐습니다. 다시 볼 수 있을 줄 알았어. 넌 외계인이 되었구나. 탈래? 쓰레기가 물어보았지만 저는 웃으며 고개를 저었습니다. 기다리고 있기 때문입니다. 무엇인지는 모릅니다. 무엇인지 봐야겠습니다. 되돌아오는 꿈만큼 아늑하지 않을 게 분명하지만.

해설

비성년 객체가 무섭다고 그러오

성현아(문학평론가)

이상의 문제작 「오감도—시 제1호」(조선중앙일보, 1934. 7. 24)는 "제1의아해가무섭다고그리오"라는 문장을 숫자만 바꾸어가며 총 열세 번 반복한다. 이를 통해 13인의 아해가 공포감을 토로하고 있다는 정황이 간접적으로 전달된다. 이 13인의 아해가 누구인지, 그들이 무엇을 두려워하는지에 대한 정보는 전무하다시피하고, "십삼인의아해는무서운아해와무서워하는아해와그러케뿐이모혓소"라는 아리송한 설명이 이들을 수식하는 전부다. 이 대목에 대한 해석은 다양한데, 위협을 받아 공포감을 느끼는 대상이 역으로 공포감을 자아내는 주체로 전환되는 것으로도 이해해볼 수 있다. 무서워하는 아해가 곧 무서운 아해가 되는 셈이다. 시가 발표되던 시기가 일제강점기였다는 맥락을 고려하면, 이러한 전치는 식민 지배자가 끼치는 공포감이 한 방향으로만 흐르지 않았음을 환기한다. 공포를 주려는 자는 우선 그것을 받을 대상과 자신을 구분해야 한다. 예컨대 식민지 상황에서는 국적만이 유효한 기준이 되어 일본인과 조선인을 가른다. 이러한 구분선이 그어지면, 같은 동양인이라거나 사용하는 언어의 어순이 유사하다는 공통점들은 배면으로 밀려나고 오직 그 한 가지 기준만이 두 존재를 변별하게 된다.

　프란츠 파농이 『검은 피부, 하얀 가면』(문학동네, 2014)에서 펼친 논의를 참조하여 편의상 피식민지인을 A, 식민 지배자를 B라고 해보자. A가 조선인, B가 일본인에 해당한다. 제국주의 논리에 의하면 A는 열등하고 B는 우월하다. 식민

지배 과정에서 A는 결코 B가 될 수 없음을 인식하는 동시에 B 되기를 열망하라는 이중의 메시지를 부여받는다. A는 'A로서의 자기'를 부정하는 동시에 B가 될 수 없음까지 함께 체험하며 이중 소외를 경험하게 된다. 중요한 점은 소외를 경험하는 자가 A만은 아니라는 것이다. B의 경우 A를 통해서만 자신이 A가 아니라는 사실을 확인하고 'B 됨'에서 오는 우월감을 얻을 수 있으므로 역시나 궁극적인 자기로부터 소외된다.

공포감 또한 마찬가지다. A를 제압할 수 있고 공격할 수 있는 자로 군림하려 들면서 B는 A와 자신을 차별화한다. 공포를 주고자 둘의 다름을 부각할 때 역으로 A 또한 B에게 이질적인 존재가 되어 공포감을 유발한다. 자신과 닮아지려는 A와 스스로를 더는 구별하기 어려워지는 시기가 오기도 하고, 반대로 A를 배제하기 위해 강조했던 열등성이 되레 생경하고 고유한 특수성이 되어 B를 압박하기도 한다.

신이인은 이와 같은 이중 소외의 과정에서 발생하는 모순적인 에너지를 가장 잘 활용하는 시인이다. 그는 이상의 시가 그러하듯 내동댕이쳐지는 존재가 바깥으로 쫓겨나면서 획득하는 역설적인 힘을 통해 위협적인 주체로 거듭나 폭발적인 에너지를 발산하는 과정을 매혹적으로 그린다.

물론 그러한 설명만으로는 불충분하다. 신이인의 시가 계속 문제적이고 매력적인 이유는 그의 화자가 이러한 세계 질서에 순응하기 위해 애를 써본다는 점 때문이다. 순종적이면서 발칙하고 어수룩하면서 되바라진 화자가 세계와 어긋나면서도 그에 끼워맞추어지는 시적 순간들은 못 견디게 불편하고 그렇기에 견딜 수 없이 통쾌한 경험을 선사한다. 또한 정상의 세계에서 밀려나 '외계인'이라는 낙인을 얻는 '나' 역시 사람 '인(人)'에서 자유로울 수는 없는 복잡한 위계를 지니고 있다는 점 또한 세밀히 사유한다. 그 다층적인 시선이 잘 드러나는 시 「거짓말」을 함께 보자.

나는 오래 낙심한다
자기가 누구인지 모르는 물고기를 위해

투명 취급
아니면 특별한 취급을 받을 수 있지
유리로 된 물고기에게는 둘 다 쉬웠지만
어느 쪽도 진실은 아니지

사람에게 어려운 것
예를 들면
수치
상해서 냄새나는 마음
지나친 수준의 뜨겁고 차가운 말
유리 물고기는 아무렇지 않게 주워 삼켰어
자디잘게 분해시키는 과정

우리는 다 볼 수 있었는데

유리 물고기는 유리란 것을 몰라서
자신이 무엇으로 이루어졌는가 도대체 알 수가 없어서
괜찮아
맛있다
행복해
라고 말하네
눈을 동그랗게 뜨고
방금 근사한 선물을 받았다고
다정한 식사에 초대받았다가 오는 길이라고

물고기를 사들인 사람들이 낄낄거리며
이애의 겉을 봐
이애의 속을 봐
나쁜
더 나쁜 것을 던져주었다

웃음에 둘러싸여
잘하고 있다는
스스로 견고하다는

믿음

그 얄팍한 유리 조각을
나는 아무것도 묻지 않고 한번 만져보았다
—「거짓말」 전문

'나'는 "물고기를 위해" "낙심한다". '낙심'이 떨어질 '락(落)'에 마음 '심(心)'을 쓴다는 점을 상기할 때, 마음은 떨어져 상하는 물질적 실체로 다가온다. 물고기 '때문에' 마음이 상하게 되는 것이 아니라 물고기를 '위해' 마음이 상한다는 점이 중요하다. 물고기의 처지를 헤아리고 그를 도와주고자 마음 아파한다는 뜻이다. 낙담하는 일이 물고기에 대한 배려가 될 수 있다는 듯이. 여기에는 물고기가 알지 못하는 정황을 '나'는 알고 있다는 앎의 격차와 물고기를 가련하게 여겨줄 수 있다는 시선의 위계가 전제되어 있다. 그러므로 화자의 낙심은 자연스러운 반응이라기보다 물고기를 궁휼히 여겨주기 위해 의지적으로 느끼는 감정에 가까워 보인다. 이와 같은 노력은 통념상 적절한 정서 반응을 보이려는 순응적인 태도로도, 그러한 방향성을 가지려 애쓰는 능동적인 태도로도 읽힌다.

'나'는 유리 물고기가 실상을 알게 되었을 때 느낄 슬픔에 감응한다는 점에서 그에게 "수치"를 먹이로 주는 "사람들"과 구분된다. 그러나 동시에 유리 물고기가 그것을 아무렇지 않게 주워 삼키는 광경을, 인간의 관점에서는 모욕당하는 것인 그 과정을 "다 볼 수 있"는 위치에서 지켜보며 사람들과 자신을 엮어 "우리"로 지칭하고 있으므로 유리 물고기와도 변별된다. 신이인은 연민하는 인간인 '나'가 가진 위치성을 명확히 드러낸다. 또다른 시 「값」에서 "나는 버리는 사람이 아니었기에/ 화분을 샀다"고 말하는 화자는 타자를 직접 내치지는 않지만, 자본주의 체제에 속한 내부자이자 소비자일 수밖에 없는 자기 위치를 명확히 파악하고 있다. 화분이 집에서 죽자 그 "이야기를 돈 받고" 파는, 사랑하는 일에 몰두하지만 결국 그 사랑을 자본의 가치로 환산하는 일밖에 "배워먹"지 못한 인간 존재인 '나'를, 신이인은 과잉된 연민이나 과격한 비판 없이 담담히 드러낸다.

다시 「거짓말」로 돌아가서 중간자적 위치에 있는 듯한 '나'가 마음을 쓰는 대상을 살펴보자. 물고기는 "투명"하다는 특성으로 인해 비가시화된 존재로 여겨질 수 있고, 일반적인 물고기와 달리 "특별한 취급"을 받을 수도 있다. 그러나 "어느 쪽도" 물고기의 "진실"은 아니다. 유리 물고기에 대한 정의에는 그를 해석하려는 인간적 욕망이 개입하고 있으며, 이는 유리 물고기의 본질과 무관하다. "사람들"에게는 소화하기 어려운 감정이자 "상해서 냄새나는 마음"인 "수치"를 유리 물고기는 "아무렇지 않게" 삼켜 분해한다. 자신이 무엇으로 이루어져 있는지 알지 못하는 유리 물고기는 "괜찮아/ 맛있다/ 행복해/ 라고 말"한다. 누군가 부여한 수치를 "근사한 선물"로 받아들고 자신이 "다정한 식사에 초대받았"다고 여긴다. 그럴수록 그를 "사들인 사람들"
은 "더 나쁜 것"을 주지만, 그들의 웃음이 비웃음이란 사실
을 알아차리지 못하는 물고기는 자신이 "잘하고 있다"고 믿
는다. 시가 보여주는 광경은 낯선 것이지만, 관상용 물고기
를 사들여 어항에 두고 먹이를 주는 일에 대한 독특한 접근
이라고도 볼 수 있다. 그렇다면 이는 우리가 일상에서 흔히
마주하는 풍경이다.

  자기 역할을 잘 수행하여 타자와 적절히 관계 맺고 있다는
믿음은 대단히 견고해 보이지만 "얄팍한 유리 조각"에 불과
하다. '나'는 그 깨지기 쉬운 믿음을 만져보면서 낙담한다.
물고기가 받는 조롱과 부당한 대우에 약간의 슬픔을 느껴주
는 것이다. 이는 인간 중심적인 사유를 비판적으로 고찰하는
현재 문학장의 주류적인 흐름과 크게 다르지 않아 보이기도
하다. 시인은 그러나 '우리'라는 말로 물고기와 자신을 구별
하는 인간인 '나'가 느끼는 연민을 묘사하는 데 그치지 않는
다. 더 주목해야 할 부분은 유리 물고기가 수치를 받아드는
자세다. 물고기에게 약자를 모욕하는 세간의 방식은 통하지
않는다. 도리어 무언가를 주고받는다는 형식이 반가운 상호
작용으로 해석된다. 이러한 몰지각 혹은 다른 지각은 제도
화된 세계 속 견고한 계급 차를 아무렇지도 않게 허물어버
린다. 계급으로부터의 해방이란 자신이 속한 계급의 정체성
과 그것이 주는 고유한 감각을 정확히 인지할 때가 아니라
부여된 몫과 고정된 역할을 거부할 때, 즉 '감각적 확실성

(évidences sensibles)의 체계'[1)]에서 벗어날 때 가능해진다는 랑시에르의 견해와 맥을 같이한다. 유리 물고기가 동물-타자로서 조롱당하며 수치스러워하는 자리에 머물지 않고 수치를 먹어치우는 일을 다르게 감각하며 소외된 약자답지 않게 행동할 때, 더욱 낮은 곳을 향해 수직적으로 던져진 수치는 물고기의 소화기관을 따라 수평적으로 움직이며 고착된 분할선을 변형한다. 신이인이 선사하는 이러한 '낯섦(inhabiter)'[2)]은 너무나도 익숙해서 그 바깥의 무엇을 상상할 수 없도록 주저앉히던 자연스러운 분할들을 천진하게 가로지르며 위반과 전위를 창출한다.

누군가 다가와 무언가 준다는 데 기쁨을 느끼며 수치를 먹어치우는 유리 물고기와 달리 사회의 메커니즘을 잘 알고 있기에 상심하는 '나'는 물고기에게서 자신을 본다. 그러므로 실상 수치심을 느끼는 자는 화자일 것이다. 신이인 시의 화자는 "자연스러운 놀이"처럼 "태연하게" 모욕감을 주고받는 것이 어른들의 규칙임을 깨닫게 된 이후에도 "너무, 너무 나쁜 기분"인 "모욕감"만큼은 "절대로" 타자에게 "돌려주지 못"하는 사람이다(「성숙」). 모욕의 교환, 모욕의 대물림을 수행하지 못하는 '나'는 인간 사회에서 모욕을 떠안

---

1) 자크 랑시에르, 『감성의 분할—미학과 정치』, 오윤성 옮김, 도서출판b, 2008, 13쪽.
2) 자크 랑시에르, 『정치적인 것의 가장자리에서』, 양창렬 옮김, 길, 2013(개정판), 211쪽.

는 자가 되어버린다. 그러나 공포가 그러하듯 모욕감 역시 아무리 일방적으로 주어진다고 하더라도 한쪽에만 고일 순 없는 것이다. 모욕받는 자와 모욕하는 자를 구분하는 분할선이 생기는 순간, 그 허구적인 구분선은 분리된 집단 모두를 옥죈다. 모욕하는 자 역시 모욕을 줄 수 있는 위치에 있기 위해 안간힘 써야 하므로, 모욕받는 자는 그 고정성을 거부할지도 모르는 위협적인 존재로 부상한다.

신이인이 안팎을 가르는 경계가 이처럼 가변적임을 형상화하기 위해 활용하는 매개물은 '유리'이다. 유리란 만남과 단절 모두를 매개하므로 양가적인 속성을 지닌다.「거짓말」에서 물고기는 보이는 대상이지만, 그가 담긴 어항을 구성하고 있을 유리를 통해 보는 주체 역시 그에게 관찰당할 수 있다. 더불어 물고기는 몸이 유리로 이루어져 있기 때문에 수치를 당하는 과정이 고스란히 내비침에 따라 더욱 조롱받지만, 그로 인해 서로 모욕을 주고받는 인간 사회의 기이함을 비출 수 있게 되기도 한다. 이때 인간의 규칙에 순응하면서도 감정적으로는 불응하는 물고기의 모순을 통해 질서 교란의 가능성이 적나라하게 드러난다.「꿈의 집」에서도 '나'의 방문은 유리로 되어 있어서 때로는 "열린"것처럼, 때로는 "문 따위 없는 것처럼" 보인다. 유리문 자체는 "근사"해 보이지만 타자의 시선에 '나'를 그대로 노출시키고 "나는 언제나 투명하다고 욕 처먹"는다. 그러나 '나'도 유리를 통해 '나'를 제멋대로 판단하고 손가락질하는 이들을 보고 있다. 뿐만 아니라 그러한 양면성을 활용해 그들에게 열려 있는 체하면서도 충분히 닫혀 있을 수 있고, 투명한 장벽을 세울 수도 있다.

　유리를 통해 형상화되는 시선의 상호성은 수치심과도 연결된다. 수치심은 자기 인식 및 자기평가가 선행되어야 하는 이차 정서인데, 이때의 자기평가에는 체화된 사회적 시선이 영향을 끼치기 때문에, 수치의 감정은 "피동성 혹은 수동성의 양태로 발현"[3]된다. 이는 '타자화된 자아'로서 자기 내면을 들여다보는 능동적인 과정이면서 사회적 관점을 '자기 안의 타자'로 들여 수용하는 피동적인 과정이 된다. 그러므로 수치심은 정상성에 미달한다는 부정적인 평가를 받아온 이들이 더욱 빈번히 경험할 수밖에 없는 감정이기도 하다. 신이인 시의 화자들은 외부의 관점을 내면화하여 자기를 각박하게 평가하며 부끄러워한다. 이러한 감정은 "강렬한 고통의 정서인 수치심의 이면에 명예에 대한 자긍심이 작용"[4]하고 있음을 방증한다. 수치심을 느낀다는 것은 자기 존중감을 훼손하는 일에 예민하게 반응하고 있다는 뜻이기 때문이다. 신이인은 수치스럽다는 느낌이 수치에 대한 저항으로의 표현이 되기도 한다는 양면성을 짚어낸다. 그러기

---

[3] 임홍빈, 『수치심과 죄책감—감정론의 한 시도』, 바다출판사, 2016(개정판), 372쪽.
[4] 같은 책, 183쪽.

위해서 사회 통합에 순순히 기여하는 성년이 아니라 성년으로 진입하기를 유예한 채, 그 경계 밖에 머무는 비성년의 화자가 그토록 많이 필요했던 건지도 모른다. 평균적인 인간이기 위해 노력하면서도 "비로소 사람스럽다"(「꿈의 경계」)는 평가를 받을 때면 다시금 수치스러워지는 '나'가 지닌, 고질적인 양가성의 기원을 찾기 위해서.

비성년인 '나'의 모호한 위치성과 그로부터 파생되는 균열을 이야기하는 신이인은 비성년 인간뿐 아니라 비성년 사물과 동물로까지 뻗어간다. 비성년 인간의 경우, 성년이 될 수 있으나 성년이기를 거부하는 존재이다. 이때는 인간 주체의 의지가 강조된다. 반면, 비성년 사물/동물은 성년이 될 수 없음에도 성년이 아니라는 이유로 배제당한다. 성년이기를 의지적으로 거부할 수도 없지만, 성년 됨에 무지하여 그것을 갈망하지도 않는다. 이 경우 능력 부정과 의지 부정이 중첩된 복잡한 양상이 된다. 성년이 될 수 없고 되기를 소원하지도 않지만 되지 못한다는 이유로 소외되고, 그 사실조차 인지하지 못하는 비성년 객체는 그러한 분류 불가능성으로 인해 교묘한 활력을 얻는다.

    손쉬운 실타래는 감지한다. 아, 여기 나 같은 실타래는 없군. 이 역할은 싫지 않아.
    손쉽다는 사실이 슬픔이라면, 억울함이라면, 불쾌감이라면 나는 나로서 불행하겠네.

그러니 웃을 수밖에. 나는 엉키지 않았다. 묶이지 않았다. 자유롭게 바닥날 수 있다. 이것을 자랑할 수밖에.

달려갈 수 있다. 나를 무엇에 써먹으려는 손이든 의심하지 않고

최선을 다해 앞구르기할 수 있다.

—「실타래들」 부분

첫 시집 『검은 머리 짐승 사전』(민음사, 2023)에서 '나'를 불행하게 만드는 '나'만의 특징이 곧 자랑이 되기도 한다는 이중성을 효과적으로 다루어냈던 신이인은 이러한 양가감정을 '실타래'와 같은 사물이 되어 체험한다. 실타래의 몸으로, 자신이 "손쉽다"는 것을 인지하고 만일 그 사실이 "슬픔" "억울함" "불쾌감"과 같은 부정적 정서와 연결되는 것이라면 "불행하겠"지만 "웃을 수밖에" 없다고 생각한다. 세간의 시선에 의해 '나'가 느껴 마땅한 정서들이 결정되겠으나, '나'는 "자유롭게 바닥날 수 있"다는 손쉬움을 "자랑할 수밖에" 없다고 여긴다. '~수 없다'는 표현은 신이인의 이번 시집에서 오십 회 가까이 등장한다. 이는 무언가를 수행할 가능성이 철저히 차단된 현실을 명징하게 드러낸다. 그러나 그보다 중요한 것은 부정당하는 화자가 택하게 되는 다른 선택지다. 할 수 없음을 받아들인 후, 하지 못하는 현실에 좌절하는 것이 아니라 다르게 사유하거나(할 수 없다는 사실 자체를 긍정적으로 바라보거나) 새로운 대안을 찾

아 행한다. 신이인 시의 화자들은 순응적이고 자기가 처한 위치를 명확히 알고 있지만, 그것을 특정 방향으로 사유하라는 명령은 거부한다. 수용적이지만 굴종적이지는 않고 저항적이지 않지만 절망적이지도 않다. 그러한 균형 잡힌 태도로 낙천적이지만은 않은 '명랑'을 창출해낸다.

 신이인은 사물/동물인 상태로 사유하고 그 신체로 활동해본다. 타자를 인지적으로 이해하는 게 아니라 그 몸의 체험을 운동기억으로 저장하고자 한다. 비성년 객체의 몸으로 세계를 살아내려 시도한다. 그의 시를 빌려 다르게 말하면, "사람과 짐승과 기계와 유령과 눈에 보이고 보이지 않는 숱한 것들을 아주 잠깐씩만 끌어안"으며 "사랑"과 "재미", 그리고 살아 있다는 실존감을 느끼는 것이다(「젊은 날—우주 정류장」).

  너의 두 발에 집중해
  바닥을 느껴
  그다음
  바닥을 밀어내
  너와 긴밀하게 붙어 있는 지금 바로
  이것을

  이 바닥을
  온몸으로 거부하면서 나는 튀어올랐다

잠깐이나마
바닥에 속하지 않을 수 있게

열기구처럼
공중에
펼친
나
를

바닥은 다시금 우악스럽게 잡아당긴다

나는 조금 구겨졌다가
생각한다
이것이 나를 퍽 좋아하는구나

그런 생각으로 춤추고 뛰고 쓰러진다면 즐겁지
멍이 들면
자랑이지

지난봄엔 멍이 많이 든 것 같은 무늬의 개구리를 주웠다
운이 좋았지
이 도시에서 개구리를 만나다니

—

이래 봬도 독개구리라는 것을 한눈에 안다
마음을 어찌할 수 없기 때문에
알면서도 만진다
손안에서
개구리가 나를 걷어차고

나는 그의 작고 유해한 발바닥을 느낀다
사랑하는 동안

잡고 있었다

눈이 퉁퉁 붓더라도
부딪치고 기를 쓰고 아파하면서

점프

이윽고
광활한
바닥이 나를 부서져라 안을 때

나는 보게 되어 있었다
잔디가 색을 바꾸는구나
연한 갈색

—

노르스름하고
푸르스름한 색

얼룩덜룩
멍투성이 지구를 잠시 이해하려던 시절이 지나갔다
　　　　　　　　　　　　　　—「스프링」 전문

'나'는 지난봄에 만난 개구리가 독개구리이므로 위험하다는 것을 알지만, 만지고 싶다는 마음을 주체할 수 없어 그를 붙든다. 개구리는 "나를 걷어차고" 튀어오른다. "유해한 발바닥"을 잡고서 사랑하고 아파하던 '나'는 내가 "점프"할 때도 "바닥이 나를 부서져라 안"는다는 것을 느끼게 된다. 개구리처럼 행동하여 지구의 중력을 통해 개구리가 느꼈을 '나'의 악력을 경험한다. 그리하여 누군가를 붙잡던 '나'는 붙잡히는 자리에 놓인다. "멍이 든 것 같은 무늬"를 지닌 개구리가 내 손에서 벗어났듯, '나'는 멍이 들더라도 기꺼이 바닥을 밀어내며 개구리의 몸짓을 배운다. 개구리가 되어 공중에 펼쳐지는 감각을 체험하고 그가 보았을 풍경을 따라 본다. "춤추고 뛰고 쓰러"지는 이 과정 자체를 즐긴다. 이때 공간적 배경에 불과한 것으로 여겨졌던 지구 역시 "멍투성이"라는 점은 주목할 만하다. 동물인 '개구리'와 인간인 '나', 행성인 '지구' 그리고 제목인 사물로서의 '스프링'까지가 멍의 빛깔을 띠고 동일한 행위를 한다는 유사성으로 연결된다.

시는 각각의 객체들이 자기만의 방식과 리듬으로 서로를 끌어들이고 서로에게서 달아나며 새롭게 "얼룩덜룩" 물들어가고 있음을 시사한다. "잠시 이해하려던 시절이 지나갔다"는 마지막 문장은 이해하려 노력했으나 그러지 못했다는 불가능을 뜻하기도 하지만, 이성적 접근이 아닌 타자의 몸이 수행하는 운동을 몸소 체험해보는 방식으로만 피상적인 이해를 뛰어넘는 연결이 가능하다는 점을 암시하기도 한다.

  인간의 정신과 이성에 방점을 두었던 근대 서구 중심의 사회에서 벗어나기 위해, "물질의 능동적인 행위성"에 집중하는 신유물론적 기획은 "몸의 능동성을 강조하는 것"[5]으로 이어진다. 신이인은 타자로 밀려난 동물/사물을 인간 중심적 관점에서 벗어나 색다르게 인식하려 노력하는 데 머무르지 않고 이들의 몸으로 직접 행위해본다. 상자의 몸으로 상자의 욕망을 품어보고(「상자들」), 추락하는 돌이 되어 "떨어지는 기분"과 "나는 기분"이 분간되지 않는다는 것을 깨닫기도(「맞닥뜨리기」)[6] 한다. 이는 신이인이 성년의 세계로 진입하려고 애썼지만 시시각각 내쫓기고, 성년이 되기 위

---

5) 심귀연, 『이 책은 신유물론이다—브뤼노 라투르, 로지 브라이도티, 제인 베넷, 도나 해러웨이, 카렌 바라드의 생각』, 날, 2024, 160쪽.
6) 비록 마당을 지키려는 의도가 돌을 향한 사랑으로 오해받으면서 시작되는 추체험이긴 하지만 결과적으로 돌의 몸이 되어가며 돌의 기분이 '나'에게 옮아온다는 점에 초점을 맞추면 이러한 해석이 가능하다.

한 통과의례와 불화하거나 기성의 제도에 미달하여 성년이 되지 못한 상태로 머물고 있기에 가능한 일이다. 이때 신이인은 인간-어른이 되지 못한/되기를 거부하는 '나'인 채로, 인간적인 제도에 무지한 사물/동물들에게로 다가가 그들의 행위를 따라 한다.

  그렇다고 해서 그가 상상계라 불리는 꿈의 세계에만 머무는 것은 아니다. 이 시집은「꿈동산」이라는 시로 끝이 난다.[7] 이때「꿈의 기계」「꿈의 옷」「꿈의 집」「꿈의 고백」「꿈의 무늬」「꿈의 룰렛」「꿈의 도형」「꿈의 상영」「꿈의 경계」「꿈의 대화」와 같이 '꿈의 ○○'이라는 제목으로 이어지는 연작이 '꿈동산'으로 마무리된다는 점은 눈여겨봄직하다. '~의'라는 소유격 조사가 제거됨으로써 꿈에 속해 있는 대상이 아닌 온전한 '꿈' 그 자체의 세계, 더 정확히는 그것의 붕괴에서 시집이 끝난다는 의미가 되기 때문이다. 꿈은 현실의 외양을 갖추고 있으나 현실은 아니라는 점에서 문학과 매우 유사하다. 게다가 이 '꿈동산'은 꿈인지 현실인지 명확히 정의할 수 없는 헤테로토피아 같은 공간으로 보이는데, 신이인은 이러한 중첩된 공간까지 창조적으로 망쳐놓는다. 더불어「꿈동산」이 자기 뜻에 따르지 않는 시인을 추방

---

7) 시집의 결미에 배치된 시는「낙원 없이」지만, 이 시가「꿈동산」을 해설하기 위해 첨부된 시임을 감안하면 실질적인 마지막 시는「꿈동산」이라고 볼 수 있다.

해버리기도 한다는 점을 제시하며(「낙원 없이」) 인간-창작자가 통제할 수 없는, 이를 초과하는 객체의 힘을 적극적으로 느끼게 한다.

1

직사각형 숲 안에 글자가 모여 있었다
이리 와 어서 와
나의 친구 나의 엄마
나의 창조주

글자들끼리는 사이가 좋았다
손을 잡고 몸을 맞추며 말했다
이곳은 무해합니다
테러와 전쟁과 천재지변이 없습니다
나의 말이 아니라
글자가 자기들 멋대로 사랑해서 만든 말이었다

무
해

그들이 엮는 말들은 내 피부로는 도무지

느껴지지 않았다 내 피부에 어딘가 큰 문제가 있는 것
이 분명했으며

이것이 알려진다면 경우에 따라
피부를 벗겨내는 치료도 각오해야 할 듯했다

2

신들끼리 모이면 나는 주로 못돼처먹은 편이었는데
그건 아무래도
글자들을 쓰다듬어
희망하는 건강한 아름다운-과 짝을 만들어주어도 모자
랄 판에
못돼처먹은
이라는 말을 남겨두고 숲 바깥으로 달아나버렸기 때문
이었다

얘들아, 못돼처먹은을 사랑해줘
못돼처먹은은 변하지 않을 거다
나는 이 아이를 너희와 함께 둘 거야

무해함을 위하여

―

글자들이 손잡는다

이곳에는 테러와 전쟁과 천재지변이 없습니다
그리고 못돼처먹은
그 어떤 것도

나는 무능한 신으로서 위스키를 조금씩 마시며
숲속 어딘가에서 연기가 치솟는 정경을 바라보았다

3

긴 세월 동안 여러 번 하늘 색이 바뀌었을 테고
때때로의 검은 구름만큼은 여전한

저 숲에 이제는 가지 않는다

그렇지만
소싯적 믿었던 희망과 건강과 아름다움은 여전히
저 안에서 살고 있다

나
많은 나뭇가지를 안아봤고

―

그러다가 꺾기도 했을 것이고

나는 나무에 있는 가시들이 살 속으로 파고들어가
몸 곳곳에서 만나 번식을 하고 세상을 꾸리고
나를 친구, 엄마, 창조주라 부르고 있는 일을
내 피부 안쪽을 여지껏
곱고 고요하게
전쟁터로 일구는 사실을
말하지 않는다

숲을 위해서다

4

이따금 글자들의 마음을 헤아리고 싶다
그들이 말하려던 것이 무엇이었는지를
알고 싶어서
종이에 나열하고 고민한다

못돼처먹은 친구
못돼처먹은 선생
못돼처먹은 감수성

못돼처먹은 과거의 사랑
못돼처먹은 무
못돼처먹은 해
못돼처먹은 기생충
죽지 말고 살았으면
너희들의 왕국에서 영원히
못돼처먹은 시인들
못돼처먹은 시인
못돼처먹은 시
못돼처먹은 신

나를 위해서다

―「꿈동산」 전문

"직사각형의 숲"에 모인 글자들은 테러나 전쟁과 같은 극한의 폭력이 없음을 근거로 "이곳은 무해"하다고 말한다. 그러나 화자에게는 그 말이 "피부로" 와닿지 않는다. 이때 '나'는 글자들이 선전하는 긍정적 의미로서의 무해함을 감각하지 못하는 자신에게 문제가 있다고 확신한다. 그리고 그 좋음을 느끼지 못하는 '나'의 문제가 알려진다면 "피부를 벗겨내는 치료"를 받게 될지도 모른다고 걱정한다. 그것은 이 세계의 주된 감각에 협력하고 화합하지 않는 이를 미달태로 간주하여 신체 일부를 변형시키는 폭력이지만, "치료"라는 표현을 통해 치유의 과정으로 둔갑한다.

"글자들"을 주관하는 힘이 있는 "신"인 '나'는 시에 놓일 활자들을 정할 수 있는 최종 결정권자로서의 시인을 의미한다고 볼 수 있다. '시인'과 '신'은 발음의 유사성과 글자를 통제할 권력이 있다는 지위의 유사성으로 맞물린다. 하지만 신이인은 그러한 연결을 "무능한 신"이라는 형용모순을 통해 곧바로 배반해버린다. 신이지만, 전지전능하지 않은 '나'는 글자들이 짝이 되길 바라는 "희망하는""건강한""아름다운"과 같은 단어 대신 "못돼처먹은"이라는 말을 숲에 남기고 달아난다. 누구도 원하지 않을 것 같은 "못돼처먹은을 사랑해"달라고 요청하면서 '나'는 그 단어를 글자들과 함께 둔다. 아무도 선호하지 않는 특정 글자를 자의로 배치할 권한이 있는 화자가 눈치를 보며 달아나는 모습은 모순적이다. 서로 대조되고 불화하는 정황과 수식이 시에 병치되면서 언어적 아이러니가 발생한다.

'나'에 대항해 "무해함"을 지키려 글자들은 손을 잡는다. 이때의 '무해'는 해로움이 소거된 상태가 아니라 해악이 추가로 생성되지 않는 소극적인 무해의 상태이다. 그처럼 표면적으로만 평온해 보이는 환경을 고수하는 것은 지반에 흐르는 교묘한 위계와 그로 인한 구조적 폭력에 대한 이의제기를 거부하는 방어적인 태도다. "못돼처먹은/ 그 어떤 것도" 허용하지 않겠다는 글자들의 세계인 숲에서 "연기가 치솟는" 것은, "테러와 전쟁과 천재지변이 없"는 세계를 유지하기 위해서 이 불온한 글자를 불태웠다는 의미로 읽힌다. 현 세계의 구성원과 불화하는 이질적인 글자, 체계의 변화를 불러올 존재는 빠르게 제거되는 것이 안전하다는 판단하에 시행된 화형일 테다. 대의를 위한 것으로 간주되는 방화는 숲의 내부에서는 폭력으로 인식되지 않는다. "무해함을 위하여" 글자들이 손잡는 것은 '못돼처먹은'을 배제하기 위한 이기적인 결속임을 독자가 알고 있기 때문에, 이는 '반대 진술의 아이러니'[8]가 된다. 이러한 서술은 특정 집단에게만 무해하고 안온할 세계를 유지하는 비합리적인 방식을 짚어낸다.

'나'는 "이제는" 그 숲에 "가지 않"고, 과거 순진한 마음으로 "믿었던 희망과 건강과 아름다움은 여전히" 거기에 "살고 있"으리라고 점친다. 전쟁이 없다고 선전하는 숲은 표면적으로 매끄러운 상태이기에 평안과 평화, 안전과 안온, 고요와 고움을 내보이는 아름다운 시에 가깝다. 그러나 이는 누구도 해칠 필요가 없고 누구도 고통받지 않아도 되는 진정으로 무해한 세계를 꿈꾸는 시가 아니라 그저 세계의 해로움에 관해 목소리 내는 이들을 배제하면서 유지되는 허울뿐인 무균 지대임을, 신이인은 간파하고 있다. 무해한 세

---

8) 정끝별은 표면적 진술과 실제 의미가 상충함을 드러내어 독자가 그 상반된 내용을 이해하는 텍스트 외적 맥락에서의 아이러니를 '반대 진술의 아이러니'로 규정하고 있다.(정끝별, 『시론』, 문학동네, 2021, 217~220쪽)

계를 꿈꿔왔으나 무해함을 가장하는 세계 속에 은폐된 해로움이 여전히 유독하게 작용하고 있음을 몸소 체험했기 때문일 테다.

그러므로 '나'는 "피부 안쪽"에 "전쟁터"를 일군다. 외피로는 도무지 그 소극적인 무해함을 '무해함'으로 감각할 수 없기 때문이며, 진정한 무해를 꿈꾸고 있다는 것을 들키면 박피당하고 말리라는 두려움 때문이기도 할 것이다. 신이인의 화자는 (비록 무능하다고는 하지만) 신일 때조차 자기가 만든 세계에 속한 일원이 되기 위해서 최선을 다한다. 그러면서도 세계와 불화하는 감각을 지속적으로 표출한다. 바로 그 "숲을 위해서다". 친구와 선생과 감수성과 사랑과 무해를 말하고 싶으면서도 그것이 '못돼처먹은'과 엮이길 바라는 마음을 숨기지 못한다. 그 비균질적인 연결이야말로 평등한 무해로 나아가기 위한 지저분하고 소란스러운 아름다움으로 느껴지기 때문에.

"나를 위해서"라며 지극히 개인적인 이유에서 치르고 있는 전쟁처럼 말하지만, '나'는 신이 아니던가. '나'와 닮은 존재들을 모두 책임져야만 하는 위치에서 '나'의 취약함, 유별남만큼이나 연약하고 예민한 특성을 지닌 이들도 평안할 수 있도록, 더욱 본질적인 무해로 나아가기 위해 그는 싸워낸다. 그러므로 신이인의 시는 누군가에게만 부드러울 고요를 깨는 소요이며, 누군가에게만 따뜻할 평화를 깨는 울화이다. 그것은 어쩌면 필연적으로 오해받는 집요한 사랑이기도 하다. 당연하게도 신이인은 "바라는 곳으로 향할 수 없"을 테지만, "사랑을 할 수는 있다"(「해파리들」). 세상의 모든 못돼처먹은을, 못돼처먹은이 되어야만 이 세계에 머물기라도 할 수 있었던 존재들을.

 못돼처먹은 시인, 못돼처먹은 시, 못돼처먹은 신, 그리고 아무렇게나 사랑스러운 우리의 못돼처먹은 신이인이 계속 요란스럽게 써나가기를 바라본다. 모든 고정된 것을 짓궂게 흔들어대다가 자기만의 리듬을 찾아낸 비성년 객체, 벌벌 떠는 힘으로 별별 일을 다 벌이는 비인간 사물. 사회에서 요구하는 평범한 인간이 못 되어서 못됐다고 비난받다가 못 되라는 저주를 껴입고서 못돼를 꼭꼭 씹어 먹기도 하는, 비행청소년동물의 모습을 한 그가 경계를 지우며 영영 날아다니길 빈다.

신이인 2021년 한국일보 신춘문예를 통해 작품활동을 시작했다. 시집 『검은 머리 짐승 사전』, 산문집 『이듬해 봄』이 있다.

문학동네시인선 235
나 외계인이 될지도 몰라
ⓒ 신이인 2025

1판 1쇄 2025년 6월 16일
1판 3쇄 2025년 7월 21일

지은이 | 신이인
책임편집 | 방원경
편집 | 임고운
디자인 | 수류산방(樹流山房) 본문 디자인 | 최미영
저작권 | 박지영 형소진 오서영 조경은
마케팅 | 정민호 서지화 한민아 이민경 왕지경 정유진 정경주 김수인
　　　　김혜원 김예진 나현후 이서진
브랜딩 | 함유지 박민재 이송이 박다솔 조다현 김하연 이준희
제작 | 강신은 김동욱 이순호
제작처 | 영신사

펴낸곳 | (주)문학동네
펴낸이 | 김소영
출판등록 | 1993년 10월 22일 제2003-000045호
주소 | 10881 경기도 파주시 회동길 210
전자우편 | editor@munhak.com
대표전화 | 031) 955-8888 팩스 | 031) 955-8855
문학동네카페 | http://cafe.naver.com/mhdn
인스타그램 | @munhakdongne 트위터 | @munhakdongne
북클럽문학동네 | http://bookclubmunhak.com

ISBN 979-11-416-0217-8 03810

* 이 책은 서울특별시, 서울문화재단 '2025년 창작집 발간지원 사업'의 지원을 받아 발간되었습니다.
* 이 책의 판권은 지은이와 문학동네에 있습니다. 이 책 내용의 전부 또는 일부를 재사용하려면 반드시 양측의 서면 동의를 받아야 합니다.

잘못된 책은 구입하신 서점에서 교환해드립니다.
기타 교환 문의: 031) 955-2661, 3580

www.munhak.com

문학동네